OKR – Objectives and Key Results

O guia definitivo desde os fundamentos, a implementação até a gestão da ferramenta

Elias Daher

Dados Internacionais de Catalogação na Publicação
(CIP)

Angélica Ilacqua CRB-8/7057

D129o

Daher Junior, Elias

OKR : Objectives and Key Results : o guia definitivo desde os fundamentos, a implementação até a gestão da ferramenta / Elias Daher Junior. - Brasília : [S.n.], 2020.

119 p.

ISBN 9798701595628

1. Administração por objetivos 2. OKR 3. Planejamento estratégico 4. Administração de projetos 5. Eficiência organizacional 6. Metas em administração de pessoal I. Título

Revisão: Raquel Pivetta

20-2096   CDD
658.4012

Impresso no Brasil

Printed in Brazil

2020

Sumário

Apresentação

Métricas são indispensáveis a qualquer estrutura de gestão e o OKR representa o que há de mais moderno neste segmento.

Esta metodologia tem obtido resultados significativos em empresas como Google, Apple, Microsoft, Uber, inclusive sendo mencionada por seus líderes, o que chamou a atenção de outras organizações.

O framework foi inspirado na Administração por objetivos de Peter Drucker, considerado o pai da administração moderna, desenvolvida por Andy Grove, à época, CEO da Intel e divulgada por John Doerr, investidor do vale do silício.

OKR é um sistema de gestão de metas que identifica racionalmente os objetivos mais importantes, ou seja, aqueles vinculados aos negócios. Integra com eficiência os recursos organizacionais e estimula o entusiasmo da equipe.

Além disso é uma metodologia *open source*, que pode (e deve) ser adaptada à realidade da empresa.

Histórico

Na década de 1950, Peter Drucker criou o conceito de Gestão por Objetivos (MBO – *Management by Objectives*). Drucker considerava que os líderes intermediários (gerentes) eram pegos na "armadilha da atividade", uma vez que consumiam a maior parte do tempo com atividades operacionais, sendo impedidos de desenvolver estratégias, seu verdadeiro papel.

A proposta do MBO era harmonizar os objetivos de funcionários e gerentes a fim de aumentar o desempenho da organização. Para tanto, era preciso definir os objetivos dos colaboradores de acordo com a estratégia organizacional e, depois disso, monitorar o progresso, avaliar para recompensar ou para corrigir o curso. A participação da equipe nesse processo aumentava o engajamento e a motivação.

Esse raciocínio, que parece óbvio nos dias de hoje, foi uma revolução na década de 1950: o embrião do que se desenvolveu como meritocracia nos Estados Unidos.

A seguir, veremos os princípios da Administração por Objetivos (MBO):

- Participação dos funcionários na definição dos objetivos, de forma a aumentar o engajamento e o desempenho da empresa.

- Processo com 5 etapas: revisar os objetivos estratégicos, definir as metas dos funcionários, monitorar o progresso, avaliar e recompensar.

No entanto, considerando que o propósito era aumentar a produtividade da organização, o modelo apresentou as seguintes fragilidades:

- A definição de metas individuais resultou em uma competição selvagem, pois os colaboradores precisavam alcançá-las a qualquer custo, mesmo que isso implicasse concorrência desleal.

- Os objetivos genéricos ignoravam a particularidade de cada colaborador.

Quinze anos depois, Andy Grove, cofundador da Intel, adaptou o modelo MBO na empresa. Nessa época, a Intel passava por dificuldades e Grove lançou a solução 125%. Cada funcionário precisava ser mais eficiente para que a organização pudesse sobreviver à concorrência agressiva dos japoneses. Ele próprio participou do programa, em tempo dedicado e em produtividade entregue. A Intel fabricava memórias e passou a produzir processadores.

Andy Grove era um judeu que havia fugido da Hungria para escapar da opressão nazista. Concluiu o Ph.D. na universidade de Berkley, nos Estados Unidos. Em 1968, fundou a Intel, onde desenvolveu uma extraordinária capacidade de reconhecer as crises e definir novos rumos, rapidamente.

Grove foi influenciado pelo modelo de gestão criado por Peter Drucker, no sentido de que uma boa liderança era mais efetiva do que a tradicional avaliação de desempenho, para fazer a empresa se desenvolver. No período entre 1968 e 1997, ele testou e aprimorou o método conhecido como Gerenciamento da Intel por objetivos.

A principal contribuição de Grove foi o conceito de que **a execução supera o conhecimento**. Nesse sentido, pouco importa o que você sabe, o mais relevante é o que você pode fazer com o que sabe, como aplica seu conhecimento para obter resultados. Ficou conhecido como pai da estrutura OKR.

O CEO da Intel era um líder duro. Em 1984, foi eleito um dos chefes mais difíceis dos Estados Unidos, pela revista Hapyness. Em certa ocasião, Lester Hogan afirmou que, se a mãe de Andy Grove atrapalhasse seu planejamento, ele a demitiria.

Como embrião dos objetivos inspiradores, ele declarou aos funcionários que a Intel era a última esperança da indústria eletrônica americana contra os japoneses. Considerando o senso nacionalista dos americanos, todos compraram a ideia para cumprir a missão que lhes foi dada. No entanto, o esforço conjunto não foi capaz de ajudar a Intel na fabricação de memórias, quando então a empresa decidiu fabricar microprocessadores.

Em 1992, a Intel se tornou a maior empresa de semicondutores do mundo — distanciando-se dos demais concorrentes, demonstrando o acerto na decisão de mudar de segmento e na adoção do modelo de gestão de Andy Grove.

Em 1999, John Doerr — que havia ingressado na Intel em 1974 e aprendido a metodologia — apresentou-a ao Google, que implementou integralmente. Posteriormente, em uma palestra, Larry Page atribuiu o sucesso da empresa ao uso do *framework*.

Depois disso, outras organizações adotaram o OKR, como Facebook, Amazon, Netflix, Airbnb, Linkedin, Dropbox, Spotify e Adobe. É importante esclarecer que cada empresa adaptou o modelo para sua realidade. Exemplo: Spotify optou por não utilizar OKRs individuais, pois não funcionaram bem naquele ambiente.

Podemos considerar que a metodologia OKR foi inspirada nas teorias de Peter Drucker, implementada por Andy Grove na Intel, aprimorada por John Doerr e popularizada pelo Google.

É prematuro afirmar que o modelo tenha sido responsável pelo crescimento do Google. Não há dúvidas de que tal metodologia tem uma parcela de influência, mas, antes disso, essas empresas foram disruptivas e souberam suprir lacunas do mercado.

Linha do tempo

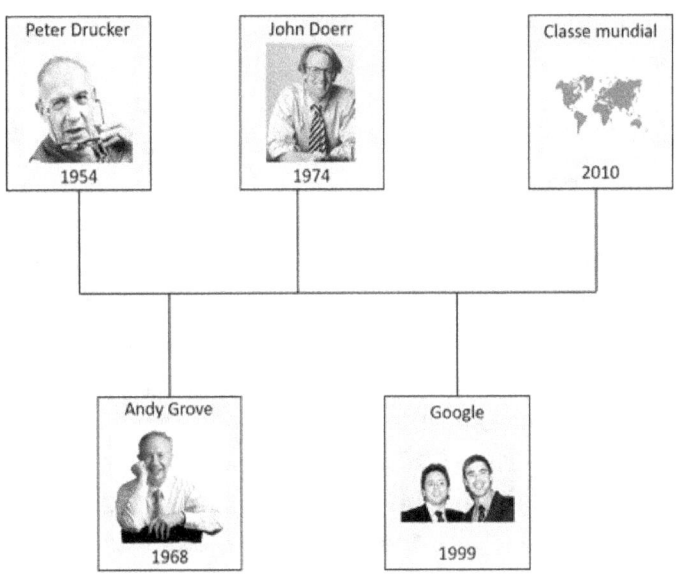

Conceitos essenciais

OKR – Objectives and Key Results (Objetivos e Principais Resultados) é uma ferramenta colaborativa, utilizada para gestão de métricas de alta performance. Essa metodologia se divide em duas partes:

Objetivo deve responder à pergunta: **onde queremos chegar?**

KR (resultados-chave) são métricas de sucesso que **avaliam o progresso** em direção ao objetivo.

O propósito da metodologia OKR é definir estratégias e objetivos para determinado período a fim de que forneçam uma referência para avaliar o desempenho da estratégia implementada. O modelo tradicional tende a utilizar periodicidade anual. Já a OKR trabalha com trimestres.

O esforço conjunto na identificação da estratégia e das métricas ajuda os colaboradores a entenderem como eles estão contribuindo para o cenário geral e a se alinharem com outras equipes.

Os resultados de um objetivo devem ser binários e concretos (alcançou ou não alcançou).

1. Devem ser sempre qualitativos — quantificar os alvos contribui para que haja pressão psicológica sobre os funcionários, dificultando o alcance dos objetivos.

2. Devem representar uma direção desejada. E, para provocarem engajamento, precisam ser inspiradores.

3. Necessitam de um responsável para acompanhá-los, convocar reuniões, manter o alinhamento entre as pessoas envolvidas, cobrar resultados.

4. Precisam transmitir uma intenção. Para isso, precisam ser claros, de fácil entendimento. Temos diversas pesquisas apontando que mais de 90% dos funcionários não conhecem os objetivos de suas organizações e, dessa forma, não conseguem colaborar para o progresso da estratégia.

5. Precisam ter prazos de início e de fim.

Em resumo, um bom objetivo responde afirmativamente aos seguintes questionamentos:

- O objetivo definido indica a direção onde a empresa pretende chegar?
- Os benefícios esperados para este objetivo são relevantes? — Muitas organizações não obtêm benefício algum quando seus objetivos são alcançados.
- O objetivo está alinhado com os objetivos da organização?
- É inspirador?
- Comunica claramente a intenção?
- É desafiador? (nem fácil demais, nem impossível de se alcançar).

Os objetivos das equipes devem estar alinhados com os da organização, ou seja, devem ser definidos em consonância com os objetivos estratégicos.

Prazos curtos permitem que as avaliações parciais promovam eventuais mudanças de curso, quando necessário. É preciso identificar, o mais cedo possível, o que está funcionando e o que não está.

12

É conveniente estabelecer até 5 objetivos, com até 4 KRs cada.

Exemplos para a construção do Objetivo:

O = Ser referência no segmento em que atua.

Não está muito claro, porque é difícil definir o que é ser referência. Pode ser referência no controle de custos, em políticas de gestão de pessoas, em *Market Share etc.*

Para construir um bom objetivo, o ideal seria:

O = Ser *top of mind* no transporte de mercadorias no Estado do Rio de Janeiro.

O = Reduzir desperdícios.

Reduzir quais desperdícios? O objetivo tem que responder claramente o que queremos. Não pode ser vago nem permitir múltiplas interpretações.

Pode ser aprimorado da seguinte forma:

Reduzir os custos com patrocínio.

13

Resultados-chave

Key Results devem responder à seguinte pergunta: como posso medir e comprovar o progresso de atingimento do meu objetivo?

Um erro comum no estabelecimento dos Key Results (e vamos insistir nisso) é confundir KRs com tarefas. A simples realização de uma ação rotineira **não mede o progresso em direção ao objetivo.**

Atributos dos KRs

1. Devem ser sempre quantitativos (ter um número que possa medir o progresso em direção ao objetivo).

2. Precisam ter um ponto de partida e um ponto de chegada (*baseline* e *target*). Apontar qual o cenário atual e qual o cenário pretendido.

3. Não devem ser confundidos com tarefas. Como foi dito, os KRs devem medir o andamento em direção ao objetivo. Portanto, são <u>métricas de sucesso,</u> e não de controle, como a avaliação das iniciativas.

Exemplos de Key Results

KR Aumentar a ticket médio de R$ 20 para R$ 35. Repare que o Key Result tem um ponto de partida (*Baseline* = R$ 20) e tem um alvo (*Target* = R$ 35). É quantitativo e tem potencial para medir o avanço em direção ao Objetivo, que pode ser "Aumentar a receita da organização".

KR Reduzir a despesa com patrocínio de R$ 500 para R$ 400. Da mesma forma que o anterior, tem *Baseline* e *Target*. E também está quantificado. — Um exemplo de objetivo seria "Reduzir os custos de Marketing".

Tanto faz o KR ter o efeito de aumentar ou diminuir, desde que ele possua *baseline* e *target* (situação atual x situação desejada).

O modo mais simples de evitar confundir o KR com uma ação rotineira, é perceber que as tarefas do dia a dia dependem 100% de você. Já os Key Results não, eles representam uma aposta, uma hipótese, pois dependem da eficácia da sua estratégia.

Key Results bem definidos são apenas metade do sucesso. O próximo passo é formular um plano de execução que seja viável, lembrando que os KRs devem mostrar como medir o progresso em direção ao objetivo.

Devem ser específicos, medidos em números, de forma a refletir um ganho para a organização, e precisam seguir o critério de relevância dos KPIs. Não devem ser muito fáceis nem impossíveis: apenas desafiadores.

Devem ser voltados para o resultado, não para o que você faz. Por exemplo, disponibilizar cinco produtos novos no site é um Resultado-Chave ruim, pois representa uma tarefa. Um bom Resultado-Chave é algo que não se pode controlar, mas se pode influenciar (exemplo: obter 20 novas vendas por dia).

Devem ser atribuíveis, ou seja, ter alguém responsável pela sua medição e divulgação e, por fim, devem ter um prazo estipulado. Aumentar as vendas em R$ 200.000, até o fim do ano.

Peter Drucker dizia que **a cultura organizacional devora a estratégia no café da manhã**. John Doerr afirmava que ideias não são nada, execução é tudo. A ideia que sintetiza essa ferramenta, portanto, é a capacidade de execução, para definir o sucesso do projeto.

16

iniciativas

Representam as tarefas que devem ser realizadas para atingir a meta.

Sabemos que os resultados-chave não avaliam algo que fazemos, mas sim aquilo que podemos apenas influenciar. Iniciativas dependem 100% de nós e representam as tarefas capazes de influenciar os *Key Results*.

Iniciativas precisam ser redefinidas periodicamente, de acordo com as suas capacidades de produzir resultados. Esse é um grande diferencial dos OKRs, a possibilidade de reformular a estratégia de acordo com a experiência do dia a dia.

Imagine que o seu Objetivo fosse ir do Brasil para a África. Um erro no momento de definir um *Key Result* seria "a compra de um barco", pois tal aquisição seria uma iniciativa, que poderia conduzi-lo ao seu objetivo. — Não seria uma medição de progresso.

O progresso que um Key Result deveria medir, nesse caso, seria a aproximação do continente africano, de forma que indicasse se o barco estaria realmente indo na direção correta.

A compra de um barco, portanto, seria uma iniciativa possível.

17

Características das iniciativas

1. Não há garantia de que a ação, tarefa ou iniciativa serão bem sucedidas. Por essa razão é que a metodologia prevê a ciclos parciais de apuração, para reformular esses elementos, caso seja necessário.

2. Os ciclos dos OKRs são menores, e isso acontece com o propósito de corrigir, prematuramente, eventuais erros. Por isso iniciativas devem prever pequenas entregas *(Minimum Viable Product –* MVP*)*, de acordo com a metodologia Ágil.

3. O estabelecimento das iniciativas não deve ser *top down*. A equipe ou o funcionário responsável pelo objetivo é quem deve sugerir o que precisa ser feito. Os líderes podem até participar, mas seu papel é cobrar o resultado. Em suma, os colaboradores definem <u>como será feito</u>.

Importante:

Enquanto Key Results são métricas de sucesso (medem o progresso em direção ao objetivo), as Iniciativas precisam de métricas de controle (KPIs) para medir sua execução.

Exemplos de iniciativas:

Tornar a navegação do site mais amigável.

Treinar 150 usuários em OKR em uma semana.

* Uma iniciativa deve ter métricas de controle. Por exemplo, se a proposta é treinar 150 pessoas em 5 dias úteis, significa que 30 funcionários devem ser capacitados a cada dia. Deve-se monitorar o alcance diário, para aumentar as chances de êxito ao final.

	Objetivo	Key Result	Iniciativa
Sob controle			☑
Mensurável		☑	☑
Específico		☑	☑
Prazo entrega	☑	☑	☑

Squad

Esse é o "pulo do gato" do OKR. É a razão de a ferramenta ser chamada de colaborativa e representa um de seus diferenciais.

Squad descreve uma equipe multidisciplinar, atuando em um mesmo projeto (desenvolvimento de um produto ou solução de problemas).

A tendência é que esses "pelotões" possam mostrar mais serviço do que as estruturas tradicionais, departamentalizadas, por conta da agilidade e maior autonomia desses grupos. A proximidade física traz celeridade às decisões e tudo flui de forma eficiente.

Objetivo Descreve para onde a organização pretende ir e define uma direção clara.

Resultado-chave Como a organização sabe se está chegando lá? Mostra como você está progredindo em direção ao seu objetivo.

Iniciativa Descreve o que vai ser feito para chegar lá. É o que influencia os principais resultados.

Empowerment   (Empoderamento)
Descentraliza a liderança, estimulando a autonomia do colaborador.

Fórmula de escrita do OKR, segundo John Doerr

Eu vou atingir um objetivo, e saberei que estou no caminho certo quando houver progresso em alguns resultados-chave.

Formulário de registro de um OKR

Formulário de registro de OKR

Identificação

Responsável

Área

Prazos — Data início ___ / ___ / ___   Data final ___ / ___ / ___

Apurações parciais — Datas

Objetivo	Conclusão

Resultados chave	Progresso %

OKR MASTER

Diferenças e semelhanças (OKR x KPI)

O OKR é uma ferramenta de gerenciamento, enquanto o KPI é uma ferramenta de avaliação. Não são, portanto, substitutos entre si, mas complementares. Enquanto o KPI permite que os colaboradores avancem, o OKR garante que eles estão indo na direção certa. Várias organizações utilizam KPIs para controlar o avanço das iniciativas OKR.

A vantagem do incluir o OKR sobre o conjunto de KPIs, é o estudo para manter o foco nas tarefas mais importantes, o que é bom para a área operacional e também para que os líderes possam se dedicar mais à estratégia. Dessa forma, elimina-se a necessidade de micro gerenciamento.

Ainda que o KPI permita que cada colaborador saiba quais são os objetivos que quantificam sua performance, muitas vezes, os funcionários criam indicadores que representam um fim neles mesmos, ou seja, que não geram valor para a organização. Exemplo: número de funcionários treinados (indica que as pessoas passaram pela capacitação, mas não avalia se realmente aprenderam ou se o conteúdo ministrado é relevante para o atingimento dos objetivos estratégicos).

Recomenda-se que a quantidade de objetivos (O) não exceda 5 itens, para que o time não perca o foco. Da mesma forma, até 4 resultados-chave (KR), para que seja possível priorizar as ações mais importantes.

Outra diferença importante é que o KPI é definido *top Down*, ou seja, executivos definem métricas sem que os atores da área operacional sejam consultados. Já o OKR é *top down* apenas para definir os objetivos estratégicos. Os táticos e operacionais são definidos com a equipe que irá operar (*bottom up*).

De acordo com as teorias sobre Gestão de Mudança, envolver os subordinados na definição das metas valoriza os funcionários e aproveita a experiência deles.

Além da tomada de decisão, o OKR sugere a transparência do processo, para que a informação esteja disponível a todos. Recomenda-se o uso da Intranet para acompanhar a evolução dos indicadores.

Enquanto o colaborador tiver identidade com a organização, estará disposto a trabalhar além da descrição de seu cargo. Do contrário, a resistência aos processos de mudança sempre será maior.

Ainda temos muitos KPIs com avaliação anual nas organizações. No entanto, os cenários mudam, e as estratégias precisam mudar para acompanhar esse processo. Se não houver ajustes no acompanhamento das métricas, a empresa poderá produzir uma grande lacuna entre o que foi planejado e o que foi efetivamente realizado, de modo que não haverá mais o que fazer. Já em relação aos OKRs, apenas os estratégicos têm ciclos anuais. Os demais possuem rastreamento trimestral ou até mensal.

Se o ambiente mudar rapidamente e isso impactar as estratégias, será possível corrigir o curso a tempo, de forma a dar aos colaboradores um senso de direção sempre atualizado.

Como acontece em todo tipo de mudança, a implementação do OKR depende da vontade e do apoio permanente da liderança.

KPIs definem métricas de saída para um processo na organização. Os OKRs, por sua vez, consideram as dinâmicas da mudança de cenário, para que se possa, no tempo hábil, atualizar ações e estratégias. Normalmente, um KPI se torna o ponto de partida para a criação de um OKR.

	OKR	KPI
Abrangência	Atingir metas na empresa inteira	Cada setor tem suas metas
Como funciona	*Top down + bottom up* Autogestão	*Top down* Microgestão
Vantagens	Compensa falhas do KPI Aumenta a produtividade	Motiva o funcionário
Desvantagens	Precisa de profissionais maduros Precisa de gerentes especializados	Concorrência interna alta Tira o foco da estratégia
Base teórica	MBO de Drucker, Intel de Andy Grove e John Doerr	Modelo tradicional de controle e motivação

Plano de criação do OKR

O OKR demonstrou ser um recurso eficiente em organizações como o Google e a Intel, no entanto, cada empresa tem suas particularidades culturais, que exigem prévio estudo do ambiente para que se possa adaptar o uso da ferramenta. Essa análise envolve:

Plano de comunicação com dois propósitos: manter os OKRs disponíveis de forma simples e inteligível, além de criar um canal que dê voz aos colaboradores.

Capacitação em diversos níveis é o mínimo necessário para escrever bons OKRs, sem se esquecer de disponibilizar *coaches* experientes para acompanhar o processo (não se pode exigir que só o treinamento habilite toda a organização) – É preciso alguém para orientar e corrigir, até que a empresa alcance maturidade com o *framework*).

Elaboração de um elenco de benefícios individuais e de equipe, para que o OKR não represente apenas acréscimo de trabalho. Esse é o modo mais efetivo de se obter engajamento, mesmo em ambientes com clima organizacional desfavorável.

O engajamento dos funcionários é considerado o principal combustível da produtividade. Não é possível exigir a plena capacidade de pessoas desestimuladas ou que estejam propensas a deixar o emprego.

A rotina de trabalho representa um fardo pesado para muitos colaboradores, seja pela dificuldade de adaptação ou por não ter o perfil para aquela atividade. De acordo com pesquisas do segmento, apenas 15% da força de trabalho encontra-se efetivamente engajada, isso inclui os gerentes, muitas vezes mais apegados ao cargo do que com os propósitos da empresa.

Grande parte dos funcionários não se preocupa em superar as expectativas, porque não vê significado naquilo que faz, mas nem sempre isso decorre do temperamento do colaborador improdutivo: quando a empresa sempre contrata gerentes no ambiente externo, está subcomunicando que ninguém naquele setor, tem condições para assumir.

Geralmente o funcionário desengajado já ultrapassou a metade de sua carreira sem conseguir nenhuma projeção significativa e ele culpa a empresa por isso. Seu comportamento reflete a indignação que sente, por se considerar injustiçado.

OKR aumenta o engajamento porque cria plataformas para definição de metas e monitoramento de desempenho. A partir desse momento, a produtividade passa a ser uma questão de sobrevivência profissional. Deste modo, cada um sabe o que está entregando e o que se espera dele.

Os critérios de avaliação tornam-se mais objetivos e claros, baseados em relatórios de como os funcionários estão ajudando a empresa a alcançar seus objetivos.

Reconhecimento é tão importante quanto a remuneração: *feedbacks* regulares dão sentido ao trabalho das equipes e ainda demonstram o que pode ser feito para melhorar. Estamos falando aqui de um elemento importante para aumentar a motivação.

Os funcionários também precisam de um canal seguro para dar sugestões, denúncias, relatar problemas: quem está na ponta executando, normalmente tem uma visão precisa das rotinas.

Várias empresas de ponta, investem no bem-estar dos colaboradores, com salas de descompressão, lanches, ginástica laboral, entre muitos outros aspectos que deixam as pessoas mais felizes quando estão trabalhando.

Capacitação custa caro, mas a ausência dela custa mais ainda, porque reflete em baixos índices de produção. A empresa precisa fornecer os meios necessários para uma atuação de excelência por parte de seus funcionários.

Um aspecto bastante reiterado neste livro é a clareza dos objetivos: um profissional não consegue ajudar a empresa atingir seus propósitos se não conhece ou não compreende.

Os chineses consideram quatro níveis de envolvimento, por parte do funcionário:

1. Não conhece os objetivos da empresa
2. Sabe quais são
3. Compreende
4. Compreende e pode explicar

O último nível, mais desejável, representa o conhecimento tácito, aquele que o funcionário mais antigo transmite para o novato, durante o período de adaptação.

O *brainstorm* inicial não só revela um grande número de problemas a serem resolvidos, como também mostra várias oportunidades de crescimento. É difícil estabelecer prioridades entre os objetivos definidos, no entanto deve-se ter o cuidado de não produzir mais OKRs do que a empresa tem capacidade para monitorar.

Para priorizar os OKRs mais importantes, é preciso conhecer qual é a intenção estratégica da empresa e, a partir dessa informação, estabelecer as opções para ajudar no progresso dessa intenção e verificar quais são as situações mais urgentes.

Repetindo: somente os OKRs estratégicos são definidos no modo *top down*, ou seja, no âmbito da alta direção. Todos os demais devem contar com a participação da força operacional. Afinal, são os profissionais dessa área que irão realizar, são eles que conhecem o dia a dia.

OKRs servem para criar agilidade e transparência. Algumas organizações demonstram excessivo apego aos processos, desviando o foco dos resultados. A essência da ferramenta é **fazer mais do que planejar**, aprender com os erros, aprimorar os processos. Os especialistas dizem que OKR não é uma bala de prata, ou seja, não tem o condão de resolver tudo, porque os processos precisam estar lapidados: processos ruins geram OKRs ruins.

A fase de planejamento é o momento para definir a frequência e a profundidade da comunicação com os funcionários. Lembrando que um dos atributos do OKR é a transparência sobre as intenções da empresa — o que se espera das equipes e, claro, os índices de atingimento. O plano de comunicação deve estar pronto no início da implementação.

Não é raro que empresas mal gerenciadas tenham processos de comunicação deficientes. Nessas empresas, os líderes arbitram que os funcionários não precisam conhecer determinados assuntos estratégicos.

Outrossim, empresas bem gerenciadas gastam mais tempo mantendo seus colaboradores devidamente informados, para que possam entender a razão das tarefas que recebem. Só assim eles terão condições de propor sugestões consistentes de melhoria.

Os ciclos do OKR são mais curtos porque a experiência demonstra que o planejamento é só o primeiro passo do aprendizado. A prática depois dele, os resultados obtidos, dizem muito sobre a eventual necessidade de mudança ou o amadurecimento da estratégia implementada.

É prudente alterar os indicadores durante a trajetória da organização, após medições que permitam corrigir metas não atingidas.

O OKR deve funcionar separadamente da avaliação de desempenho, para que o time desenvolva o senso de equipe, mesmo entre departamentos diferentes. Isso significa que as entregas de cada um são avaliadas juntamente com o resultado global. Além disso, se a promoção depender do OKR, os colaboradores tenderão a definir objetivos mais modestos, para garantir o benefício.

Partindo desta premissa, apesar de não vincular diretamente, o OKR pode ser um dos *inputs* para medir o progresso dos funcionários. Desse modo, o *framework* fornece objetividade ao processo.

Cada colaborador deve saber, objetivamente, o que se espera dele. Os objetivos devem ser claros e simples de entender, diferentemente de muitos KPIs que possuem métodos complexos, demandam um esforço maior do que o benefício gerado.

Os funcionários do Google geralmente fazem de 4 a 6 OKRs por trimestre, com resultados variando entre 0 e 1. Eles consideram que o resultado entre 0,6 e 0,7 seja o mais satisfatório.

Se for 1, significa que a meta foi muito fácil. Se for menos que 0,6, ou a meta foi superdimensionada ou há um problema com a metodologia de trabalho. O processo é transparente. Todos podem consultar seu histórico de OKR e dos demais colegas.

Como funciona

Agora que já sabemos o que é a ferramenta — de onde veio — vamos à implementação, a partir do início.

Etapas do programa

1.	A alta direção precisa apoiar a ideia

2.	Análise do cenário atual

3.	Planejamento

4.	Implementação

5.	Monitoramento parcial

6.	Análise de resultados (aprender com os erros)

1) Patrocínio e apoio da alta direção

Todo programa a ser implementado precisa ter o apoio da diretoria, no sentido de atribuir papéis e responsabilidades: do contrário, a liderança intermediária (gerentes e chefes de departamento) vão se digladiar para definir **quem faz o que.**

Sabemos que OKRs e KPIs precisam ser alimentados por insumos, normalmente fornecidos por outras áreas. Se a alta liderança não determinar essa obrigação, os gestores de mesmo nível hierárquico não terão poder para fazê-lo.

Os objetivos estratégicos são os primeiros a serem transformados em OKRs (estratégicos), porque a partir deles, serão criados os demais (táticos e operacionais). Por essa razão é que se diz que o OKR trabalha com 40% das metas top down e 60% bottom up.

É possível fazer projeto piloto em um departamento, para ser posteriormente escalonado, lembrando que os OKRs táticos e operacionais precisam seguir o direcionamento estratégico. É o modo correto, pois, se cada área implementar de forma desordenada, há risco de não conseguir vincular os objetivos locais aos estratégicos.

Cada organização cria seu próprio ecossistema a partir dos vários atores envolvidos: clientes são importantes porque sustentam o negócio. Fornecedores e *stakeholders* também são porque viabilizam a produção. Funcionários fazem tudo acontecer. Afinal, quem é mais importante? Onde deve estar o foco?

Estudo de caso

Uma conhecida empresa de logística possui nada menos que 27 iniciativas estratégicas, o que demonstra com clareza que não consegue monitorar todas elas. Prova disso é que algumas se arrastam há quase uma década: não foram concluídas nem geraram valor. Apenas consumiram tempo e recursos.

Além de não conseguir monitorar, esta organização ainda conta com iniciativas conflitantes: uma delas aponta para vender imóveis, outra, para comprar.

Como é que se consegue aplicar o OKR ou qualquer outra ferramenta em um ambiente desse tipo?

Como desenvolver OKRs estratégicos?

A missão de uma empresa representa sua razão de ser e colabora para que os funcionários saibam o que estão fazendo e por que estão fazendo.

Um problema recorrente nas organizações é que os objetivos estratégicos não são conhecidos por toda a força de trabalho. Se tais profissionais não conhecem ou não entendem, como é que podem colaborar nesse sentido?

OKR é uma metodologia fácil de compreender, mas difícil de implementar. O principal desafio é configurar um ambiente favorável à implementação. Ainda que seja uma chance de crescer, nem toda empresa está disposta a mudar seus objetivos para implementar um *framework*. E o resultado disso é que objetivos ruins vão se tornar OKRs ruins.

A missão do Google, por exemplo, é organizar as informações do mundo para que sejam universalmente acessíveis e úteis. Na época de sua criação, o excesso de ousadia foi muito criticado, no entanto, este exemplo de ousadia tornou-se uma referência mundial. Cumpre esclarecer que o OKR precisa de metas agressivas, mas nem toda empresa é o Google.

A visão é um objetivo de futuro que deve ser simples e ambicioso. Evita que a organização fique estagnada permanentemente na sua missão. Significa que há algo mais a se perseguir.

Valores representam os princípios e crenças, que orientam comportamentos e atitudes. Devem viabilizar a realização da missão. Quando a empresa declara apenas como mera formalidade (não os incentiva nem pratica) valores como excelência empresarial, respeito aos funcionários e ética nos relacionamentos, os colaboradores não se dão ao trabalho de introduzir essa filosofia em suas rotinas, simplesmente porque a diretoria não dá o exemplo.

Valores somente são reais quando representam critérios para promoções, punições e demais sistemas de funcionamento da organização. OKRs, portanto, serão mais do que a tradução dos objetivos estratégicos: serão métricas para avaliar se a empresa está atuando a favor da sua missão.

O bom funcionamento desse *framework* depende da objetividade da estratégia, que nem sempre é comprometida com resultados. A implementação do OKR é feita em conjunto com outros especialistas, capazes de preparar o ambiente para receber as inovações.

O **Objetivo** deve conter a descrição de um desejo amplo, com potencial de conduzir a empresa em direção à sua missão e visão.

Ex: Melhorar a experiência do cliente (UX)

Os **Key Results** devem conter a descrição quantitativa acerca do atingimento de determinado objetivo.

Ex: Melhora no sistema de avaliação dos serviços

Elementos-chave do OKR	
O	Melhorar a experiência do cliente
KR1	Alcançar SLA superior a 90%
KR2	Reduzir a taxa de reclamações em 20%

Para conseguir isso:
- Aumentar a duração da fase de testes
- Incluir a revisão do código antes da entrega

O	Melhorar a qualidade dos lançamentos
KR1	Reduzir erros de desenvolvimento em 20%
KR2	Aumentar a eficácia dos testes em 50%

Para conseguir isso:

- Aumentar a duração da fase de testes
- Incluir a revisão do código antes da entrega

Observe que nem sempre é o melhor caminho definir KRs com percentual, ou seja, sem o *baseline* e o *target*. No entanto, pode representar a estratégia possível em determinado momento.

Avaliação dos resultados		
Objective	Key Results	Score

É conveniente, também, não confundir um objetivo com a missão da empresa: esta representa um direcionamento, enquanto aquele constitui uma série de etapas concretas.

2) Análise do cenário atual (ambiente)

Os executivos das organizações bem sucedidas, em geral, não têm dificuldade em assumir erros. A cultura dessas empresas demonstra que é bem melhor produzir uma mudança na estratégia do que, por questões de vaidade, insistir no erro.

A Capgemini desenvolveu um estudo intitulado "The Digital Culture Challenge", o qual revela que 62% dos entrevistados apontam a cultura como principal obstáculo a um processo de mudança. Insistimos que o problema não é a cultura, mas sim o fato de não a observar.

Embora a ferramenta OKR esteja se consolidando no mundo corporativo, seus benefícios, no início, podem não ser totalmente visíveis para a equipe. O primeiro ciclo é de aprendizado. Não se deve esperar resultados até que o processo esteja suficientemente maduro. A falta deste entendimento faz com que programas de inovação sejam abandonados, sem que tivessem sido testados.

OKR exige uma conexão mais ampla com a missão e com a estratégia organizacional. Do contrário, de quais resultados estamos falando aqui?

É consenso que mudanças são difíceis de implementar, pois a empresa precisa estar pronta para elas. Além disso, é necessário criar uma cultura que ajude a mudança a prosperar.

A organização está pronta para o OKR quando a direção está motivada para implementar. Além disso, outra ação importante é a **criação de equipes multidisciplinares**, com um ou mais profissionais de cada setor envolvido. Assim, os processos fluem muito mais rápido e ainda se derrubam as fronteiras entre os departamentos. Essa estratégia também garante que existam defensores do programa em toda a organização.

O ponto de partida é entender a necessidade de mudança, seu grau de urgência, os riscos envolvidos, as possíveis forças de resistência e a estratégia para neutralizá-las. Repetindo as palavras de Drucker, "a cultura devora a estratégia no café da manhã", o que significa que os colaboradores operacionais podem inviabilizar qualquer processo de mudança. Para superar essa dificuldade, não basta criar um modelo transparente e efetivo de comunicação, porque o processo de mudança precisa ser bidirecional. A diretoria precisa criar um canal para ouvir seus funcionários.

Melhor do que implementar um programa em toda a empresa é começar com um projeto piloto, mais fácil de ser monitorado, de ser corrigido com rapidez, capaz de oferecer uma pequena vitória inicial e servir de vitrine para estimular o resto da organização a seguir o exemplo. Lembre-se de que não há garantias de que o modelo novo será mais eficiente do que o antigo.

Toda organização tem formadores de opinião, tanto os favoráveis às ações da diretoria, como aqueles que são contrários. Estes precisam ser identificados e chamados para compor o time antes de se iniciar o projeto. Os que são favoráveis vão ajudar naturalmente. Os contrários precisam ser convencidos e, provavelmente, quando imbuídos de responsabilidade, vão poder atuar em favor da mudança. Trata-se da mesma estratégia que os professores do ensino fundamental utilizavam quando designavam os alunos bagunceiros para representantes de classe. Normalmente esses alunos canalizavam sua energia para outro foco e se tornavam produtivos na "nova função".

É dispensável dizer (mas vamos registrar mesmo assim) que, apesar de a empresa ter representantes em diversos setores, é necessário ter uma equipe responsável pelo programa — com papéis, prazos e responsabilidades bem definidos — para dirimir dúvidas dos usuários, reportar-se à alta direção e propor eventuais necessidades de mudança.

Terminamos aqui a análise do ambiente, lembrando que o item mais importante é a formação da equipe interdisciplinar, que tem potencial para eliminar as barreiras entre as áreas e promover fluidez nos processos.

3) Planejamento

Uma queixa comum dos profissionais que implementam o OKR é que, após a adoção da ferramenta, o cenário não parece ser muito diferente dos KPIs. Quando isso acontece, significa que a equipe responsável pela ferramenta não soube identificar a essência do modelo.

Para viabilizar a **colaboração**, deve-se formar desde o início, uma equipe, com pelo menos um integrante de cada departamento. Essa interação imediata dá mais fluidez aos processos, porque as áreas envolvidas não se comportarão mais como rivais, e sim como integrantes de um time. Além disso, teremos representantes nas áreas, o que facilita a comunicação, mesmo durante os estágios iniciais da implementação OKR.

Várias organizações trabalham com intriga interna, "muros" entre departamentos e pouca colaboração (entropia). Tal cenário implica a consolidação de uma cultura desfavorável à inovação.

É importante esclarecer que os grupos precisam ter autonomia necessária para a tomada de decisão.

Altos executivos esperam que os funcionários estejam engajados na missão e ainda tenham senso de pertencimento. É saudável manter essa expectativa, mas esse tipo de relação entre empresa e empregado é criado pelas atitudes dos líderes. Não é algo que se pede. Portanto, antes de planejar a implementação do OKR, é necessário que o ambiente esteja fundamentado na confiança mútua.

A principal estratégia para criar o senso de pertencimento é dar aos funcionários a oportunidade de prosperar, seja premiando entregas de alto nível, seja capacitando-os para que se tornem especialistas em suas tarefas.

Todos sabemos que mesmo o benefício mais visível nunca agradará a todos, mas será eficiente se conseguir agradar à maioria das pessoas.

Assim, os melhores funcionários serão ágeis em materializar a orientação da empresa. Esse é o foco da recompensa pelo mérito.

Na prática, cada profissional relata o próprio status de trabalho, para que os líderes possam acompanhar o andamento. Este painel fornece as informações necessárias para as reuniões de *check-in* (apuração parcial dos OKRs).

Nesse ponto, já devemos ter:

- Justificativa para implementar OKR

- Motivação legítima da diretoria

- Objetivos estratégicos transformados em OKRs

- Definição do time que irá liderar o programa

- Identificação dos formadores de opinião.

O próximo passo é:

Levantar os riscos

Definir ações para mitigar esses riscos

Definir o que se espera ao implementar o OKR

Metas para 1 ano

Metas trimestrais, mensais e semanais

Eventuais ações de correção

Alocar recursos (espaço, investimento)

Elaborar o plano de comunicação (bidirecional)

Revisão programada:

Como já vimos, o OKR tem dois componentes: os **Objetivos (O)**, que representam o que pretendemos; e os **Resultados-Chave (KR)**, que demonstram se estamos atingindo.

Armadilhas do Planejamento

Uma das ferramentas mais objetivas do mundo corporativo é a Matriz S.W.O.T., mais presente nas telas de PowerPoint do que no dia a dia das empresas. — Por exemplo: Quando se estabelece que a concorrência representa uma ameaça, é porque ela **precisa ser monitorada**, para que não se transforme em dano para a organização.

Ambiente Interno		
Forças	**Fraquezas**	
Oportunidades	**Ameaças**	
Ambiente Externo		

Fatores Positivos

Fatores Negativos

A execução é o que dá sentido ao Planejamento.

No caso da Matriz S.W.O.T, quando se definem ameaças, tais como: instabilidade política e/ou econômica; crescimento dos concorrentes; e demanda crescente por outros produtos, o que fazer com essas informações? Quem é o responsável por monitorar o ambiente externo para perceber as tendências, de forma a permitir que a empresa se antecipe às crises? Qual é o plano de defesa para atenuar o efeito dessas ameaças?

Matriz S.W.O.T serve para isso, pode ser um instrumento valioso, mas também pode se tornar mais um gráfico dentro da gaveta de alguém.

O McDonald's está atento às mudanças de hábito dos consumidores — que, cada vez mais, buscam alimentos saudáveis — e, lentamente, está ajustando seu cardápio para não perder público. Da mesma forma, está conectado à legislação de cada país em que atua, para não ser pego de surpresa com um novo tipo de regulamentação. Planejamento sem execução e sem acompanhamento é muito parecido com a ausência de planejamento. Assim, as empresas navegam ao sabor do vento, vão até onde a sorte permitir.

4. Implementação

As pessoas tendem a gostar mais daquilo que conhecem. Nesse sentido, uma estratégia de sucesso é **oferecer um curso overview de OKR** para todos os colaboradores, com o propósito de diminuir as resistências. O treinamento deve demonstrar os benefícios da ferramenta para todos os envolvidos. — De preferência, que seja feito com base na ISO 10.015, que trata da qualidade em ações de educação.

Este também é o momento de desenvolver o **canal de comunicação bidirecional**, para que a alta direção comunique as metas, as estratégias e os resultados, como também para que os funcionários possam participar, seja por meio de denúncias, dúvidas, críticas ou sugestões.

Os líderes intermediários devem convocar a força de trabalho para definição dos OKRs táticos e operacionais.

Vimos, no início deste capítulo, que uma possível OKR estratégica pretendia reduzir o custo da organização, diminuindo despesas de logística e de Marketing. Já entendemos que os

OKRs táticos devem ser inspirados a partir dos estratégicos.

O: Aumentar a eficiência de gastos com marketing

KR1: reduzir os patrocínios em 5 milhões

KR2: reduzir a propaganda em 3 milhões

KR3: manter o nível de visibilidade no mercado

Observe que, nesse exemplo, há um KR de proteção, para que a redução dos gastos com patrocínios e com propaganda, de forma isolada, não criem um problema maior. Vai exigir muito trabalho e criatividade das equipes, mas é assim que o OKR trabalha.

A falta de uma métrica de proteção já provocou o maior *recall* da indústria automobilística mundial. Na década de 1970, com a crise de petróleo, os japoneses criaram carros subcompactos, baratos e econômicos, que rapidamente ganharam mercado.

Lee Iacocca, que presidia a empresa na época, gozava de bastante prestígio por ter criado o Mustang, que até hoje representa um ícone. Para fazer frente à concorrência oriental, Iacocca determinou a produção de um veículo com valor máximo de 2 mil dólares e que pesasse menos de uma tonelada. Assim os engenheiros fizeram, economizaram em tudo que foi possível.

Construíram um automóvel que atendeu aos dois critérios fixados pelo chefe. No entanto, usaram materiais frágeis para o tanque de combustível, que se rompiam com facilidade, mesmo com impactos menores, causando incêndio ou explosão.

Depois de 500 pessoas perderem a vida em acidentes com esse carro e outras tantas se ferirem gravemente e após condenação judicial, a Ford anunciou *Recall* de um milhão e quatrocentos mil veículos, para substituição do tanque de combustível.

Se, além dos critérios definidos (metas), fosse criado um critério de proteção, seria mais trabalhoso para os engenheiros, mas evitaria uma mancha na imagem da empresa e um prejuízo bilionário.

Objetivo	Construir um carro compacto
KR1	Custo menor que U$ 2.000 para o cliente
KR2	Peso abaixo de 1.000 Kg
KR3	**Mantendo os níveis de segurança**

Outro exemplo:

Objetivo:	Obter ganho de saúde
KR1	Reduzir o peso
Iniciativas	Dieta, exercícios físicos

Observe que só foi definido um KR (sem um outro de proteção). Além disso, o Key Result não é qualitativo (reduzir o peso em quanto?). As iniciativas também são vagas, não especificam o que fazer. Podemos melhorar:

Objetivo:	Obter ganho de saúde
KR1	Reduzir o peso em <u>5 Kg</u>
KR2	Reduzir o colesterol para 130
Iniciativas	Dieta <u>2 k calorias/dia</u>
	Nadar <u>800 m, 3 x por semana</u>

Quem implementa a estratégia da empresa?

Robert Steven Kaplan foi professor da escola de administração Martin Marshall e diretor associado sênior da Harvard Business School. David Norton é considerado uma referência na gestão de finanças. Juntos, eles desenvolveram no início da década de 1990 o *Balance Scorecard*, que é uma ferramenta de gestão da estratégia empresarial.

Segundo Kaplan e Norton (2005), nove em cada dez organizações não conseguiram executar sua estratégia. Um outro estudo de 2015, feito por Donald Sull, afirmou que 45% dos gerentes de nível médio não conheciam a principal prioridade de sua organização.

Os gerentes de nível médio são os responsáveis pela implementação da estratégia, mas se a desconhecem, não conseguem transmitir informações relevantes para seus funcionários. Desta forma, não podem garantir que as ações desempenhadas, possam contribuir para o alcance dos objetivos.

OKRs estratégicos ajudam os gerentes e suas equipes a trabalharem em torno do objetivo final da organização.

5) Monitoramento parcial

Uma das vantagens mais significativas do OKR é a previsão de avaliações parciais, para que se tenha tempo hábil de mudar a estratégia, caso o objetivo não esteja sendo atingido. Já os KPIs tradicionais trabalham com periodicidade de um ano, com apuração no final do ciclo, quando não dá tempo para fazer mais nada, somente saber se atingiu ou não atingiu.

OKRs estratégicos têm ciclo de um ano, com monitoramentos parciais a cada trimestre, quando a equipe se reúne para comparar os resultados obtidos com os esperados (reuniões de *check-in*). Nesses momentos, ocorre o debate sobre o que não está progredindo e o que deve ser mudado.

OKRs táticos têm ciclos de 3 ou 6 meses, com a sugestão de ciclos intermediários mensais, mas isso depende da necessidade da organização.

OKRs operacionais normalmente duram uma semana, com monitoramento diário. Esse tipo requer cuidado, porque pode minar o espírito de equipe. São necessários, mas não podem comprometer os benefícios gerados pelos OKRs de equipe.

O evento dura entre 15 e 20 minutos, onde a equipe reflete sobre o progresso dos objetivos e define novas prioridades para o ciclo seguinte.

O check-in da equipe OKR ocorre semanalmente e deve envolver apenas os interessados, para manutenção do foco. Neste momento, os participantes devem ter o registro dos resultados parciais para que possam debater as sugestões e insights de cada um.

Status de OKR atual

A meta está progredindo ou está atrasada?

O que fizemos certo? O que deu certo?

O que devemos fazer na próxima vez?

Como técnicos, o que aprendemos?

Quais são as prioridades para a próxima semana?

Aprimorar OKRs é melhor do que apagar incêndios

---

6. Análise de resultados (aprender com os erros)

Quem praticou o OKR corretamente (encontros e monitoramentos intermediários) geralmente não tem grandes surpresas nessa fase.

Apesar da importância da avaliação, poucos executivos estão dispostos a aprender com os erros, porque isso expõe suas fragilidades. A maioria prefere impor prejuízos à empresa em que trabalha a discutir as próprias falhas.

Empresas com grau de maturidade elevado têm esse tipo de avaliação a cada execução de projeto e ao final do exercício, com o propósito de não repetir erros no ciclo seguinte. Essa ação é iniciada pelo CEO, que vai querer saber os erros e problemas que os diretores detectaram nos departamentos, para então poder repassá-los às gerências.

Por causa de uma iniciativa do líder, toda a organização caminha no mesmo sentido. Sem orientação, cada um escolhe o caminho que julga correto.

O que faz a aviação ser segura é o exaustivo trabalho que acontece após incidentes para evitar novas ocorrências.

Aprenda com os erros já conhecidos

Várias organizações divulgam suas dificuldades na implementação do OKR, o que representa uma ajuda para quem pretende iniciar-se no assunto:

I. Estabelecer metas muito fáceis ou inatingíveis. Esse é o primeiro erro mais relatado pelos executivos, o qual é inevitável. Mesmo tendo a prática anterior do KPI, somente os primeiros resultados com o OKR poderão ajudar a definir metas desafiadoras, a partir do segundo ciclo.

II. Negligenciar os objetivos. Por estarem fortemente vinculadas aos processos, as organizações tendem a manter o foco nos KRs (key results), embora estes sejam meros instrumentos para medir o progresso em direção aos Os (*objectives*).

III. Definir tarefas como Key Results. Resultado-chave não é algo a ser feito, mas sim uma medição de progresso. Lembre-se: as tarefas rotineiras dependem 100% de você, ajudam a atingir o objetivo, já os resultados-chave são métricas que avaliam o progresso, dependem da eficácia de suas iniciativas.

IV. Definir um grande número de OKRs. Isso faz com que os colaboradores percam o foco, pois dificilmente terão energia para avançar tantos OKRs. A pressão sobre a equipe gera stress e baixa produtividade.

V. Definir OKRs a partir de uma abordagem *top down*: É preciso confiar na força de trabalho e ajudá-la a entender como pode colaborar.

VI. Envolver a equipe na elaboração dos OKRs, mas não no acompanhamento. Lembre-se de que os colaboradores também são responsáveis, pois o processo se deu de forma *bottom up*. O chão de fábrica tem a obrigação de conhecer bem os desafios diários.

VII. Não atuar na cultura organizacional. Definitivamente, o OKR não funciona em estruturas conservadoras. A alta gestão precisa aceitar e incentivar a ampla participação. O ambiente precisa ser preparado antes da implementação.

VIII Não tolerar os erros. Não haverá inovação se não houver a cultura do erro. Se equívocos e aprendizados são mal vistos ou punidos, os colaboradores não arriscam. — Sem arriscar, as coisas serão feitas como sempre foram.

O OKR precisa de um responsável, não para assumir seus resultados, mas para verificar se todos os insumos necessários foram entregues, monitorar e divulgar as entregas parciais e convocar reuniões ao final dos ciclos parciais para análise final.

Processo de definição do OKR		
O que vai ser feito	Quem vai fazer	Quando será feito
Levantamento de necessidades	Definição dos times, seus papéis e responsabilidades	Semanal, trimestral, anual
Priorização dos OKRs	Responsável pelo OKR	Semanal, trimestral, anual
Plano de implantação	Distribuição das tarefas e prazos	Semanal, trimestral, anual

Ciclo do OKR (Roadmap)

Empresas com poucos funcionários não têm dificuldade em atribuir tarefas e responsabilidades. A situação começa a se complicar em organizações com mais de 100 colaboradores e com setores bem definidos, cenário em que se torna um desafio alinhar as equipes e acompanhar os resultados.

A estrutura do OKR é uma alternativa viável para essas questões. Muitas empresas elegem uma área para gerenciar o processo. Como sabemos, a metodologia exige transparência. Nesse sentido, torna-se adequado criar um painel para concentrar os objetivos bem como os impactos gerados pela atuação das equipes.

Outra questão importante é decidir a frequência com que o progresso será avaliado. Apesar de a metodologia trazer sugestões para os ciclos de monitoramento, estes devem ser definidos conforme o grau de complexidade de cada OKR e de acordo com sua importância para os resultados.

A cadência do OKR determina os ciclos de avaliação dos Objetivos e Principais Resultados. Para encontrar o melhor ritmo, é necessário interagir com a equipe, para não haver sobrecarga operacional.

A seguir, apresentam-se as etapas de implementação:

Etapa 1 – Estudo de cenário

Para implementar uma estrutura OKR, é necessário identificar o momento atual da empresa (cultura, clima organizacional), o qual será o ponto de partida, baseado na experiência dos técnicos envolvidos e nos indicadores, eventualmente já existentes. Este é o momento de identificar possíveis riscos e forças contrárias, para que sejam neutralizados, e também de definir o plano de engajamento.

Etapa 2 – Criação de OKRs

A busca pelo plano perfeito pode atrapalhar a implementação daquilo que é viável. O primeiro passo é a alta cúpula criar OKRs estratégicos, para, a partir deles, a liderança intermediária junto com a força de trabalho desenvolverem os demais indicadores. É natural que os primeiros OKRs não correspondam à realidade (muito fáceis ou muito difíceis). A partir deles, a equipe terá referências e resultados para atribuir maturidade ao processo.

Etapa 3 – Implementação

A maior parte dos planos de mudança nas organizações não são bem sucedidos. Os executivos apontam a cultura organizacional como principal vilão do fracasso, no entanto insistimos que a razão do insucesso é a **inobservância à cultura**, não a cultura em si. Estratégias mal formuladas não conseguirão engajamento nem compromisso por parte dos colaboradores. Estamos falando de um documento vivo, sujeito a alterações sempre que as metas parciais não forem atingidas.

Em vez de implementar em toda a organização, é prudente começar com um piloto, que custa menos e pode promover uma pequena vitória, com potencial de estimular a equipe a continuar.

Etapa 4 – Acompanhamento

Boa parte dos consultores criam um plano em troca de valores milionários e, na fase de implementação, já estão "auxiliando" outro cliente. Todo programa deve ter medições antes de ser implementado e precisa ser monitorado durante todo o processo (com mudanças de curso, se necessário) até o final, para a organização saber se o investimento valeu a pena.

65

Ritos de Gestão

Transformar as metas estratégicas em OKRs estratégicos – Esse é o papel da alta direção e, a partir dessas metas, chefes de departamento e gerentes devem construir seus próprios OKRs, juntamente com os colaboradores da área operacional.

Contar com pontos de controle semanal Vimos que um dos principais benefícios de se implementar OKR na organização é a possibilidade de corrigir o curso do programa quando for necessário. Para conseguir isso, é preciso dividir os objetivos de longo prazo em metas parciais, de forma a identificar, de maneira precoce, se algo não está funcionando e, assim, corrigir a tempo. O *check in* semanal é para tratar com a equipe o resultado dos indicadores.

A todo momento, as equipes podem identificar a **necessidade de revisão** do modelo, da estratégia ou das ações. Tal mudança deve ser motivada por baixos níveis nos indicadores parciais.

Cadências Aninhadas do OKR

Quando se implementa o OKR, os times percebem que as metas possuem ciclos e ritmos diferentes. Por exemplo, as metas estratégicas têm ciclo anual, as táticas são avaliadas trimestralmente e assim por diante. Dessa forma, o OKR desvincula a gestão estratégica da tática, criando o que chamamos de aninhamento. Os ritmos são os seguintes:

- uma cadência estratégica com OKRs de longo prazo e alto nível para a empresa (normalmente anual);
- uma cadência tática com OKRs de curto prazo para os times (normalmente trimestral);
- uma cadência operacional para acompanhar resultados e iniciativas (normalmente semanal).

Fase de Elaboração – Modelo Define e Rascunha

O ciclo de elaboração dos OKRs é baseado em duas ações elementares:

- Definir
- Rascunhar

1. No início do ano, os CEOs elaboram OKRs estratégicos de toda a organização, com cobertura anual.

2. Os CEOs apresentam os OKRs estratégicos a seus gestores diretos. Os gestores rascunham com o CEO seus OKRs táticos.

3. Os gestores finalizam seus OKRs táticos para o trimestre.

4. Os gestores apresentam os OKRs táticos para suas equipes. As equipes rascunham com os gestores seus OKRs operacionais.

5. As equipes finalizam seus OKRs operacionais para o trimestre, que serão validados pelos gerentes.

Semana 1: CEO + Gerentes.

Semana 2: equipes.

Papéis e Responsabilidades

OKR *Coach*

OKR *Coach* é o guardião do processo, pois ele ensina a organização sobre o uso dos OKRs. Mesmo com a oferta dos cursos de capacitação para todos os níveis (visão estratégica para os executivos, metodologia avançada para os colaboradores que vão lidar diretamente com a ferramenta e overview para os demais), é natural que todos cometam erros na elaboração de seus objetivos e resultados-chave. O *Coach* revisa cada OKR e orienta sobre sua elaboração.

É o profissional que conduz as reuniões de *check-in*, que servem para monitorar o progresso dos OKRs.

Não é bom que os OKR *Coaches* sejam gestores, pois o processo pode ser afetado por questões de conflito de interesses, como por exemplo, a definição de metas modestas para a área deles.

Esses profissionais são agentes de melhoria contínua, com a atribuição de elaborar os planos de ação para os OKRs não atingidos.

OKR *Owner*

É o funcionário mais envolvido com o sucesso de um OKR, podendo ser o gestor. Cada OKR deve ter um responsável direto, para coordenar planos de ação caso não haja progresso.

Trabalha com a equipe para desenvolver os OKRs. A responsabilidade pelo sucesso do OKR é de todos os integrantes do time.

Atualiza o OKR *Coach* nas reuniões de *check-in* semanais.

Alinha com os times os planos de ação para atingimento dos OKRs.

Leva o time para apresentar os resultados dos OKRs aos gestores.

Cadência de Elaboração

Sabemos que os diversos tipos de OKR (estratégicos, táticos e operacionais) possuem prazos de cadência já sugeridos (anual, trimestral, semanal), no entanto o modelo não está "amarrado" nesses ciclos. É um grande desafio adaptar as cadências para a realidade da sua organização.

A cadência de elaboração é formada pelos encontros, que têm a finalidade de elaborar ou revisar os OKRs. Os *Coaches* deverão ser avisados sobre quais evidências eles irão receber para documentar o processo. A regra é que haja 4 ou 5 objetivos, com 2 ou 3 resultados-chave cada um.

Cadência de *Check-in*

É uma interação para revisar o progresso do índice. Quando está abaixo do esperado, são estabelecidos planos de ação para recuperar o avanço em direção ao objetivo. Normalmente, utiliza-se o seguinte critério.

0,0 a 0,3 = Avanço pequeno.

0,4 a 0,6 = Avanço médio.

0,7 a 1.0 = Avanço esperado.

* Não é interessante o resultado ultrapassar o índice 1, pois isso não demonstra necessariamente alta performance. Pode ser resultado de uma meta fácil demais.

Os critérios também podem ser representados por símbolos:

Temos plena convicção de que atingiremos o OKR.

Temos alguma convicção de que atingiremos o OKR, mas temos pontos de atenção.

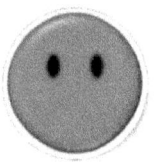

Não temos convicção de que atingiremos o OKR.

Premissas do OKR

O primeiro requisito para uma implementação bem sucedida é a avaliação do ambiente. Organizações modernas, com uma cultura inovadora, vão se beneficiar muito com a ferramenta. Por outro lado, empresas tradicionais — que possuem mais apego aos processos do que aos resultados — oferecem maior resistência e, portanto, vão necessitar de um esforço maior para implementar.

Os ingleses chamam esse fenômeno de *Plumbing* (encanamento), que representa a estrutura interna na qual os processos fluem. Eventuais gargalos na tramitação entre departamentos devem ser eliminados antes da implementação. Essa é a parte difícil e demorada, mas é necessária. Boas métricas não corrigem processos ruins, apenas os monitoram.

Existem outros obstáculos naturais, como por exemplo, setores da organização que não querem ser monitorados — provavelmente porque produzem pouco, e um indicador poderá demonstrar essa ineficiência. Quando essas pessoas descobrem a finalidade e o potencial do OKR, passam a integrar as forças de resistência.

O OKR deve ser adaptável à realidade e à cultura da sua organização. Considerá-lo como uma receita ou algo engessado é um grande risco.

Parte da literatura considera que as metas extremamente desafiadoras (*moonshots*) alcançam sucesso quando têm 70% de atingimento, ao passo que as metas apenas ousadas (*roofshots*) alcançam sucesso quando têm 100% de atingimento. Outra parte orienta que, mesmo as metas mais realistas, se forem totalmente atingidas ou superadas, significa que não foram ousadas o suficiente. Para decidir sobre isso, pondere sobre a realidade de sua organização. Lembrando que o limite é criar alguma tensão. E não causar estresse.

Um exemplo de interpretação dos resultados:

Acima de 70%	Verde	Nós conseguimos
Entre 50 e 69%	Amarelo	Houve algum progresso, mas ainda não terminamos
Abaixo de 49%	Vermelho	Não tivemos progresso

74

Como foi abordado, não se deve esperar resultados imediatos, pois o primeiro ciclo de OKR é de aprendizado. Nele se conhecem os limites da força de trabalho e os desafios bem como se aprende com os erros. Na realidade, a empresa adquire maturidade com a experiência do dia a dia.

Para que o OKR possa atuar como ferramenta colaborativa, deve-se atribuir mais importância aos OKRs de equipe em detrimento dos individuais. Repetindo: trabalhar com metas de equipe elimina competições internas e reforça a ideia de que todos estão no mesmo time. Todo o grupo estará interessado no sucesso dos mesmos objetivos.

Como estabelecer métricas eficientes

Peter Drucker afirmava que o que não pode ser medido não pode ser administrado. A rigor, métricas representam medidas quantificáveis para avaliar o andamento dos negócios.

Não é incomum que as organizações tenham dificuldades em alcançar maturidade nesse processo. Tais barreiras estão relacionadas aos seguintes fatores:

- Superpopulação de indicadores.

- Métricas com custo muito alto, incapazes de gerar benefícios proporcionais ao esforço.

- Ausência de níveis de prioridade entre as métricas.

- Pouca atenção à vida útil dos indicadores. Alguns se tornam obsoletos e continuam sendo monitorados.

É realmente um desafio para os líderes definir as métricas corretas, capazes de fornecer valor para a organização. Segundo Peter Drucker, não há nada tão inútil quanto fazer com eficiência aquilo que não deve ser feito.

Vincular métricas para monitorar o progresso em direção ao objetivo tem sido uma prática aceita nas últimas décadas. Os objetivos estratégicos possuem natureza abstrata, mas os indicadores dão objetividade a eles.

Antes de escrever um OKR, é preciso identificar, na organização, quais problemas podem ser resolvidos com ele. Assim, cria-se uma premissa de relevância, com potencial de gerar valor para a empresa.

Na Apple, por exemplo, as métricas acompanham a essência da empresa, que sempre foi *"Think different"*, ou seja, medem aspectos para não perder de vista sua personalidade inovadora.

Entretanto, há uma armadilha no estabelecimento de metas ousadas. Os funcionários do Wells Fargo abriram 3,5 milhões de contas, oferecendo um cartão de crédito como venda cruzada. Essa estratégia custou mais de U$ 190 milhões em multas, e ainda correm ações na justiça.

Para evitar a ocorrência de efeitos adversos, recomenda-se não utilizar apenas 1 Key Result para medir o progresso em direção ao objetivo.

A seguir, temos mais um exemplo da necessidade das métricas de proteção.

Considere a seguinte situação hipotética: se uma empresa de logística define o Objetivo de encantar os clientes, pode estabelecer os seguintes KRs:

KR1 Reduzir o tempo de entrega de 3 para 2 dias.

KR2 Reduzir o valor do frete de $10 para $8

O objetivo será alcançado, mas a que custo? Se os controles de segurança forem reduzidos, por exemplo, isso poderá gerar extravios de mercadorias, criando um problema ainda maior.

A criação de um terceiro KR ativa a preocupação com a qualidade, requer mais esforço da equipe, mas a redução no tempo de entrega não vai comprometer o serviço.

O   Encantar os clientes

KR1   Reduzir o tempo de entrega de 3 para 2 dias

KR2   Reduzir o valor do frete de $10 para $8

KR3   Aumentar o NPS de 6 para 7

NPS é a métrica Net Promoter Score, que significa a disposição do cliente para indicar a empresa a outros clientes.

Incentivos perversos

O profissional precisa ter cuidado para não criar incentivos com potencial de produzir consequências perversas para a organização: Em Wall Street, os operadores descobriram que podiam ganhar bônus no fim do ano, escondendo os riscos de seus investidores. A IBM passou por situação semelhante quando remunerou seus programadores por linha de código produzida. Para ganhar mais, os profissionais maximizaram as linhas dos softwares.

Os governos federais também criam incentivos perversos: o prefeito que não toma medidas de combate à dengue, quando explode a epidemia em sua região, recebe mais dinheiro do que aquele que investiu em medidas preventivas, e, por isso, não está passando por situação de emergência.

Da mesma forma, quando um ministro lança um programa de redução de custos e consegue diminuir a despesa em 30%, ele consegue um corte no seu orçamento para o ano seguinte, em vez de ganhar um bônus. Por isso, no final do ano, os gestores públicos ficam desesperados por gastar até com o que não é necessário, a fim de evitar que seus recursos sejam transferidos para outros ministérios.

Métricas de vaidade

O termo "*Vanity metrics*" foi popularizado por Eric Ries em seu livro "Startup enxuta".

Essa expressão é bastante utilizada no Marketing, quando se consegue aumentar o número de seguidores, de *likes*, sem, no entanto, obter o engajamento, ou seja, sem gerar negócios. Tais medições atuam somente na vaidade dos líderes.

É realmente impressionante como as organizações funcionam bem nos slides do PowerPoint. Técnicos e gerentes mostram números e gráficos vencedores para seus líderes, mas, em muitos casos, não agregam valor para a empresa.

Métricas de vaidade são medições que transmitem a falsa impressão de estar indo bem, as quais produzem pouco ou nenhum valor. Quem investe nesses indicadores corre o risco de descobrir tarde demais que está estacionado.

O foco aqui é descobrir informações relevantes. Nesse sentido, resultados desfavoráveis não devem ser omitidos dos gestores, para que a organização possa realinhar o curso de suas estratégias.

Metas estendidas

São aquelas que impulsionam o negócio para alguma direção. Assim como os KPIs, não devem ser muito fáceis nem impossíveis porque, em ambos os casos, tais metas desestimulam os colaboradores. O OKR considera dois tipos de metas relevantes:

Roofshots (tiro no teto) – Metas desafiadoras, que, pelo fato de serem realistas, têm seu objetivo atingido quando são 100% cumpridas. Lembrando que algumas correntes doutrinárias consideram que o pleno atingimento ou a superação denunciam metas muito fáceis, incapazes de tirar o profissional de sua zona de conforto.

Moonshots (tiro na lua) – Metas extremamente desafiadoras, as quais têm seu objetivo atingido quando são 70% cumpridas. Recomenda-se não usar *Moonshots* nos primeiros ciclos de OKR, quando a empresa está ainda experimentando o *framework*. O propósito é fornecer subsídios ao crescimento, mas sem proporcionar estresse à equipe.

Desafios para implementação

Desde sua criação, na década de 1970, a metodologia conquistou um grande número de admiradores, no entanto nem toda organização que implementa OKR alcança sucesso com essa metodologia.

Durante a implementação inicial do Framework, é natural que ocorram erros ou que não se percebam os benefícios de utilizar essa ferramenta. Na verdade, o OKR produz mudança cultural e requer compromisso com seus requisitos. A primeira tentativa é de aprendizado, não de resultados.

Capacidade de execução é tão importante quanto planejamento. É muito difícil preencher a lacuna entre a estratégia e a execução, porque isso envolve a avaliação prévia do ambiente, dos processos, da cultura organizacional, dos riscos envolvidos e da estratégia de implementação.

Com o aumento do trabalho remoto, amplamente adotado em 2020, medir a produtividade se tornou uma necessidade urgente para as organizações. Seus profissionais, por estarem distantes fisicamente das equipes, terão mais dificuldade de se alinhar a elas.

Em muitas organizações, existe a cultura de "realizar tarefas", o que produz a falsa sensação de missão cumprida, deixando os chefes satisfeitos. O OKR desafia as pessoas, ao criar a cultura dos resultados. Apesar de ser o melhor para a empresa, e as pessoas reconhecerem isso verbalmente, a prática dos conceitos inerentes à cultura dos resultados exige um esforço maior.

As fórmulas e conceitos já estão prontos, são fáceis de entender. Então por que o OKR não funciona na minha empresa?

Armadilha 1. **Implementar a metodologia sem a devida capacitação**. O processo inicial envolve poucos profissionais em uma empresa inteira. Presidente, diretores e força de trabalho, cada um desses atores irá desenvolver seus próprios OKRs. Não se pode esperar que todos eles possuam as habilidades necessárias para escrever bons OKRs, mesmo que tenham sido orientados. Além dos cursos em diversos níveis de aprofundamento, a organização deve contar com especialistas, para revisar e reorientar. Do contrário, corre o risco de atribuir atividades rotineiras aos Key Results, entre outros erros.

Armadilha 2. **Set and Forget** (configure e esqueça). Cada OKR deve possuir um responsável direto, justamente para não cair no mesmo erro que ocorre quando se utilizam os indicadores tradicionais: são criados, mas sem alguém que os acompanhe. O mesmo acontece com muitos programas de inovação: causam um frisson inicial, mas logo são esquecidos. Cumpre esclarecer que esse profissional não é o responsável pelo resultado do OKR, mas sim por viabilizar os recursos necessários, agendar as reuniões, reportar as dificuldades à liderança. — Tudo isso, no decorrer do ciclo de avaliação.

Armadilha 3. **Falta de apoio da alta gestão**. Muitas organizações simplesmente lançam projetos novos, divulgam na intranet, sem, contudo, definir os papéis com clareza. Dessa forma, os gerentes precisam se digladiar para estabelecer quem faz o quê, de modo informal. Mudanças significativas requerem que os processos novos sejam "manualizados" com clareza. Isso evita que a implementação dependa da interpretação das pessoas. Além disso, se a postura de cada um constar na avaliação de desempenho, 50% da mudança estará garantida.

Armadilha 4. **Não avaliar os processos vigentes.** Rotinas ruins vão definir OKRs igualmente ruins. Dessa forma, vão amplificar os problemas que a empresa deseja resolver.

Armadilha 5. **Não contar com a presença de especialistas.** Muitas organizações, especialmente as públicas, atribuem essa tarefa de implementação à sua própria força de trabalho. Os profissionais, por sua vez, fazem pesquisas na internet, procuram treinamentos e, no curto prazo, consideram-se aptos a implementar a ferramenta. Essa estratégia tem menor custo, mas é temerária, porque há muito material inconsistente sobre esse assunto na internet. É importante contar com a presença de profissionais certificados e que tenham experiência comprovada em processos de implementação.

Armadilha 6. **Definir muitos Objetivos.** A metodologia recomenda a quantidade de OKR para cada ciclo, podendo variar em função da capacidade de monitoramento. Ocorre que, durante o entusiasmo inicial, com as possibilidades da metodologia, surgem mais problemas do que a empresa consegue acompanhar e, claro, alguns deles não chegam a produzir resultados. Antes de cada ciclo, necessariamente, deve ocorrer o processo de priorização.

Armadilha 7.**Alto nível de complexidade.** Uma pesquisa da Weatwork.co revelou que apenas 15% dos entrevistados acreditam que seus líderes apreciam planos de trabalho simples. Metas com variáveis difíceis de calcular, raramente serão alcançadas, pois demandam muito tempo e esforço.

Armadilha 8. **Falta de alinhamento.** Quando você define um OKR, já sabe que ele possui objetivo inspirador e resultados-chave capazes de medir o progresso em direção a esse objetivo. Tais resultados-chave dependem de insumos que, muitas vezes, são fornecidos por outros departamentos. Sendo assim, TODOS os envolvidos precisam participar das reuniões de compromisso, nas quais se define quem entrega o que e para quem. Quando isso não acontece, os dados necessários para alimentar os OKRs não são fornecidos durante o ciclo de avaliação.

Armadilha 9. **Foco nas tarefas, não nos resultados.** Esse equívoco acontece porque as pessoas sabem que é mais simples entregar tarefas concluídas do que resultados observáveis. Se o objetivo é treinar 20 pessoas, ao final do treinamento, você apenas capacitou 20 funcionários. Não há garantia de que essa iniciativa tenha impulsionado o negócio em alguma direção.

Armadilha 10. **Excesso de otimismo.** Sabemos que, para haver crescimento, o OKR precisa ser desafiador, tirar os funcionários de suas zonas de conforto. O Google, por exemplo, pretendia reunir toda informação do mundo e disponibilizá-la de forma ampla. — Conseguiu alcançar boa parte disso, a ousadia funcionou naquele ambiente, mas nem todas as empresas são como o Google. O nível de engajamento das pessoas é diferente ali. Aspirações superiores podem encorajar, mas também podem desestimular.

Armadilha 11. **Não promover a gestão da mudança.** Recentemente, a Capgemini fez uma pesquisa com executivos, que apontaram a cultura organizacional como o maior obstáculo para implementação de programas inovadores. Sabemos que os hábitos consolidados ao longo de anos, provocam uma resistência natural a qualquer mudança, porque esta altera o *status quo* das pessoas, bem como contraria sua tendência natural à inércia. As empresas tendem a iniciar a implementação com a própria ferramenta, sem considerar os riscos, a estratégia de comunicação, o plano de mudança. — Meio caminho andado em direção ao fracasso.

Armadilha 12. Definir tarefas rotineiras como Key Results. Apesar de ser um assunto muito tratado, é o erro mais comum que as pessoas cometem. Publicar um artigo científico, por exemplo, é um grande feito, difícil de ser alcançado, mas é produção, não resultado (porque depende 100% do profissional). Acontece que essas ações são necessárias para o crescimento, precisam ser feitas, mas não representam uma forma de medir o progresso. Exemplo:

Objetivo: Lançar um novo produto

Resultados-Chave: Concluir o projeto até junho

                        Fazer uma pesquisa para testar a aceitação do produto

                        Realizar os devidos ajustes

Note que cada KR estabelecido é uma atividade rotineira, ou seja, depende 100% do profissional. Portanto, não é uma medida de progresso em direção ao objetivo. É significativo o número de exemplos equivocados que estão disponíveis na internet.

Melhores práticas

Uma vez reconhecido o potencial do OKR, bem como os desafios evitáveis, será necessário criar condições favoráveis para o crescimento. Nenhuma metodologia, por si só, será capaz de gerar benefício, se não forem atendidas tais condições.

Se você trabalha em um ambiente sadio e faz tudo certo, torna-se um candidato natural ao progresso profissional. No entanto, se trabalha em uma empresa medíocre e faz tudo certo, representará uma ameaça, porque os valores ali são outros. Percebe a importância do ambiente e como ele influencia no sucesso do OKR? A organização precisa estar disposta a trabalhar de forma mais objetiva.

Toda a lista das melhores práticas é produzida a partir de experiências bem sucedidas nas organizações. No entanto, uma estratégia pode ser considerada boa em um relato e nociva em outro. Significa que funcionou em um ambiente, mas causou prejuízo em outro. Por isso é que a melhor escola de OKR é o dia a dia na empresa.

Além de escrever bons OKRs, é necessário definir claramente como os relacionamentos irão funcionar. Todos os envolvidos devem conhecer o seu papel, os prazos e o que se espera deles.

Objetivos estratégicos orientam a criação dos OKRs estratégicos, que, por sua vez, servirão de referência para a criação dos táticos e operacionais. OKR exige clareza e simplicidade na definição dos objetivos.

Tornar a organização um ótimo lugar para trabalhar é uma excelente estratégia. Se isso não for feito, a força operacional não terá senso de pertencimento e provavelmente não irá se engajar nas propostas da alta direção. Quanto pior estiver o clima organizacional, mais difícil será obter apoio dos funcionários.

O que diferencia os OKRs dos indicadores tradicionais é que aqueles têm o ciclo de avaliação mais curto. Isso permite que baixas performances sejam resolvidas tempestivamente.

Quase toda a Literatura reprova a vinculação do OKR com a avaliação de desempenho. Quando muito, podem ser fracamente vinculados (apenas um dos *inputs*). Do contrário, os colaboradores definem metas modestas, para garantir o benefício.

Não se deve, contudo, ignorar o princípio da meritocracia, sob risco de desestimular a busca pela excelência. De fato, quando premiamos ou punimos de acordo com as entregas, desestimulamos o erro, e, sem erro, não há processo criativo. Nesse sentido, as empresas devem gerenciar um nível de risco aceitável. Estruturas hierárquicas muito verticais exigem maior esforço para implementação.

A ampla divulgação dos OKRs tem uma razão de ser. Além de atribuir transparência ao processo e incentivar a competitividade sadia, impede que duas ou mais equipes, façam o mesmo trabalho, que é um problema comum em grandes organizações. As operadoras de telefonia cometem esse erro: um mesmo cliente é bombardeado inúmeras vezes com ofertas de produtos, mesmo que tenha negado na primeira vez.

Por fim, recomendamos cuidado para não se distanciar da relevância dos objetivos. Nem todas as áreas da empresa e nem todas as equipes precisam, necessariamente, ter um OKR.

É difícil resistir ao modelo *top down* para a definição dos objetivos. No entanto, não se deve ignorar a experiência de quem vive o dia a dia no chão de fábrica. Métricas atribuídas por terceiros geram menos engajamento do que aquelas participativas.

Peter Drucker afirmava que excesso de reuniões denuncia uma empresa deficiente. Ou faz reuniões, ou trabalha. Não dá para fazer os dois ao mesmo tempo. Portanto, evite encontros que podem ser substituídos por um simples envio de relatório. O alinhamento entre equipes e setores é suficiente para definir prazos de entregas de *inputs*. Esses eventos não devem ter mais do que 10 pessoas e não devem durar mais do que 30 minutos.

Quem deseja aprovar um projeto em equipe deve fazer o jogo político: antes de se reunir com a equipe toda, deve estabelecer contato com cada um, para construir o apoio. Assim, fica mais fácil atuar com as áreas. Dá trabalho, mas ainda é o método mais eficaz de buscar o consenso em torno da ideia.

A comunicação deve ser clara o suficiente para que todos entendam. Também deve ser relevante a ponto de despertar o interesse das pessoas. Além disso, o canal de comunicação deve ser bidirecional, para que a liderança receba propostas, denúncias e reconheça os colaboradores mais interessados e preparados.

Os colaboradores não querem mais trabalho do que já possuem. O plano de comunicação deve contemplar o pacote de benefícios, para evitar as reações céticas e aumentar o engajamento.

Atribuir uma responsabilidade ao indivíduo exerce grande influência psicológica. Essa estratégia funciona muito bem no ensino fundamental, quando o professor nomeia o aluno mais bagunceiro da sala como representante de turma. Esse aluno canaliza sua energia para outro foco, para não decepcionar, e se torna um bom representante.

John Doerr, divulgador da ferramenta, afirma que se você criou seu OKR em cinco minutos, eles não são bons. O processo não acontece da noite para o dia. Ele ainda faz uma comparação entre o modelo tradicional e a metodologia OKR.

Estrutura	aristocrática	meritocrática
O que move	paixão	paranoia
Atuação	estratégia	oportunismo
Obsessão	encantar o cliente	superar o concorrente

* Estruturas verticais anulam a criatividade

Gestão da mudança

De acordo com a consultoria Hammer e Champy, cerca de 70% das transformações organizacionais fracassam. Outra consultoria, a Capgemini, fez uma pesquisa com 400 executivos para identificar onde está o problema. A maioria deles informou que as mudanças esbarraram na cultura organizacional.

É difícil implementar um programa sem preparar as equipes previamente, e isso envolve entender a cultura. Podemos até estabelecer bons objetivos, para que sejam monitorados por *Key results* consistentes, o que é relativamente fácil. Como afirmavam Andy Grove e John Doerr, o segredo de tudo é a **execução**. Nesse aspecto, é que o plano precisa considerar a cultura.

Gestão de Mudança é uma maneira estruturada de considerar os impactos, riscos e estratégias para a alteração de processos de uma organização, tendo em vista a necessidade frequente de adaptação do mercado contemporâneo. A parte mais sensível dessa disciplina é o componente humano.

A documentação é um componente crítico da Gestão de Mudanças, não apenas para manter uma trilha de auditoria, mas também para garantir a conformidade com os controles internos e externos.

Segundo a pesquisa realizada por Willis Towers Watson, 55% dos executivos afirmaram que as iniciativas de gerenciamento de mudanças atingiam suas metas originais, mas apenas 25% deles relataram manter lucros a longo prazo como resultado de suas iniciativas.

É o famoso *"Set it and forget it"*, ou seja, configure e esqueça. A mudança acontece, mas não dura e, portanto, não gera resultado.

Em toda mudança, identificamos as forças propulsoras, que impulsionam sua ocorrência, e também as resistências ou forças restritivas, que atrapalham sua execução e êxito.

Se as forças restritivas tiverem a mesma potência que as forças propulsoras, a mudança não acontecerá. É preciso reconhecer quais são as forças contrárias para neutralizá-las.

Forças propulsoras		Forças restritivas
Necessidade de sobrevivência	Transformação Digital	Custos elevados
Patrocínio da alta gestão		Mudança do status quo
Estratégia (nudges)		Risco de privatização
Obsolescência tecnológica		Fluxos internos complexos
Legislação a favor da mudança		Clima Organizacional

Passividade do pessoal administrativo

Imagine o indivíduo sentado em uma cadeira com intenção de cair. Os pés da cadeira representam a força contrária ao alcance de seus propósitos. Ele terá que empurrar com mais força ou tentar enfraquecer a resistência.

Metodologia de Mudança

Alguns tipos de mudança, como a transferência para uma nova sede, não precisam de gestão, pois basta uma determinação *top down* e haverá amplo engajamento, mesmo que exista contrariedade. No entanto, uma mudança em processos requer estratégia para não fracassar, pois fica difícil controlar a força de trabalho, um a um.

Além de atenuar a resistência natural que as pessoas têm de sair da zona de conforto, a metodologia tem potencial para apoiar os colaboradores e prepará-los para o êxito do novo programa.

Existem modelos consagrados de mudanças que auxiliam no processo. Vamos fazer um *overview* dos principais.

Lewin

Esta é a metodologia mais completa. Se você tem um grande cubo de gelo, mas o que você realmente quer é um cone de gelo, o que você faz? Primeiro você deve derreter o gelo para poder mudar (**descongelar**). A partir desse ponto, você pode tratar a água gelada da forma que você deseja (**mudar**). Finalmente, você deve solidificar a nova forma (**recongelar**).

O modelo de Lewin prevê a quebra das normas vigentes (***unfreeze***), para remodelar os processos (***change***) e finalmente recongelar o sistema de acordo com as novas práticas (***freeze***), a fim de atenuar o risco de retorno à situação anterior.

Descongelar
Quebrar os dogmas vigentes
Demonstrar os equívocos do modelo atual
Apontar formalmente os riscos de permanecer no cenário atual
Demonstrar para a alta cúpula a importância do apoio na implantação (*top down*)
Identificar (e neutralizar) os bloqueadores, os resistentes e os boicotadores

Mudar
Implementar o plano
Capacitar os colaboradores (Overview da mudança)
Determinar e implementar novas práticas
Promover comunicação aberta e bidirecional
Combater os boatos
Descrever os benefícios
Criar o cenário favorável à mudança
Reunir suporte nas áreas

Recongelar
Consolidar as novas práticas para formar um novo *status quo* (uso de indicadores de acompanhamento)
Manualizar as novas práticas. Dessa forma, quem retornar ao modelo anterior estará sujeito à auditoria
Criar um plano para sustentar as mudanças

Celebrar continuamente os pequenos sucessos

Outros autores apresentam estratégias organizadas para a Gestão da Mudança, entre eles:

Beckhard e Harris (1987), Armenakis e Bedeian (1999), Hiatt (2006), Schein (2009), Miller (2012) e Kotter (2013).

Riscos

São eventos que podem atrapalhar o atingimento de metas, os quais precisam ser considerados na fase do planejamento. Exemplos:

- Adoção de determinadas práticas só porque funcionam em um ambiente. Isso é um risco, pois elas podem não funcionar em outros ambientes.

- Avaliação ineficiente das forças restritivas.

- Colaboradores resistentes que buscam o fracasso da mudança ou não se dedicam a ela com prioridade.

A tabela a seguir orienta sobre a classificação dos riscos:

Probabilidade

	Muito baixo	baixo	Médio	Alto	Muito alto
Muito alta	Risco Médio	Risco Médio	Risco Alto	Risco Extremo	Risco Extremo
Alta	Risco Baixo	Risco Médio	Risco Alto	Risco Alto	Risco Extremo
Média	Risco Baixo	Risco Médio	Risco Médio	Risco Alto	Risco Alto
Baixa	Risco Baixo	Risco Baixo	Risco Médio	Risco Médio	Risco Médio
Muito baixa	Risco Baixo	Risco Baixo	Risco Baixo	Risco Baixo	Risco Médio

Impacto

Etapas

1. preparação para a mudança (Planejamento)

• Compreensão do propósito da mudança e de suas consequências.

• Determinação do que precisa ser aprimorado.

• Organização da equipe responsável.

• Investigação da disponibilidade dos recursos necessários à mudança.

100

- Criação do time de apoio nas áreas.

2. Levantamento das partes interessadas

- Quem são os principais atores? Quem aprova, quem executa, formadores de opinião (contrários e favoráveis), fornecedores, clientes, agentes passivos.

3. Regulatório

- Principalmente se a mudança ocorrer na Administração pública.
- Análise da legislação vigente ou em tramitação que possa gerar impacto no projeto. (ex.: a Lei de Proteção de Dados afeta todas as organizações que mantêm cadastro de clientes.

4. Implementação

- Metas iniciais e indicadores de performance
- Plano de comunicação
- Coleta e avaliação das reações
- Gerenciamento das resistências
- Eventual implementação de ações corretivas

- Celebração de sucessos.

Capacidades institucionais

Os especialistas costumam dizer que, se a mudança externa está acontecendo mais rápido do que a interna, é sinal de que o desastre está próximo.

Dimensões da mudança

Pessoas	Acordos com patrocinadores
	Ações para obter engajamento
	Priorização de pessoas-chave
	Convencimento dos contrários
Monitoramento	Indicadores de qualidade
	Atingimento de metas
Adoção	Conformidade com o modelo
Comunicação	Plano de mensagens
	Canal do empregado
	Avaliação de efetividade
	Mobilização da rede
Capacitação	Curso técnico para a equipe responsável
	Overview para os demais
	Avaliação de retenção
Impactos	Análise de riscos
	Priorização das ações
	Eventual plano de ajuste

A tecnologia otimiza o uso dos recursos internos, aumentando a produtividade, além de ser um recurso importante para a experiência do cliente.

O gerenciamento de mudanças também constrói uma estrutura de adaptabilidade, o que é fundamental em um mundo de mudanças rápidas e frequentes.

O programa de recompensas é um fator crítico para o sucesso de qualquer mudança. Essa estratégia é capaz de aumentar o engajamento, mas precisa ser comunicada de forma a estimular o entendimento, o que facilita a sua adoção.

Partes interessadas

Existem muitos níveis de *stakeholders* a serem considerados, de acordo com seu nível de participação, sejam setores envolvidos, líderes, formadores de opinião, líderes informais (para que atuem como "advogados da ‚mudança") ou pessoas resistentes (para que sejam neutralizadas).

Custo da mudança

Todo projeto tem uma parte importante, que é a necessidade de gerenciar todas as alterações que surgem durante seu progresso. As considerações listadas a seguir representam as questões que devem ser analisadas para aumentar a chance de êxito.

1. Orçamento da mudança x expectativa de retorno (a análise de custo/benefício deve demonstrar que a mudança vale a pena).

2. Grau de risco que a mudança traz, com seus possíveis impactos até em outras áreas.

3. Requisitos para a mudança. A organização possui todos os recursos necessários?

4. Tipos de restrições no projeto (mudanças na alta gestão, existência de grupos contrários).

Competências da mudança

Liderança distribuída nas áreas – Sozinha, a equipe responsável pela implementação não terá alcance nos setores, para conseguir corrigir desvios e fragilidades, bem como atuar sobre os colaboradores contrários à mudança.

Processo de comunicação permanente – Deve basear-se na transparência para não dar margem ao surgimento de boatos ou mal-entendidos. Além de evitar tais ruídos, outro aspecto positivo desse processo de comunicação é que as pessoas tendem a desenvolver maior simpatia por aquilo que conhecem.

Gestão de riscos – Mesmo considerando que já existe o plano de risco para o programa a ser implementado, cada estágio, como a Gestão da Mudança, envolve riscos específicos que precisam ser considerados.

Outro exemplo importante é que muito se fala em "Experiência do Cliente", mas não podemos esquecer que a "experiência do empregado" é que viabiliza a chegada dos benefícios à ponta. É preciso dedicar tempo e esforços para identificar e projetar o devido suporte organizacional às necessidades dos colaboradores.

Nesse sentido, planejar as capacidades necessárias para o estado futuro significa identificar se a força de trabalho e os recursos existentes permitem que a organização alcance os objetivos propostos.

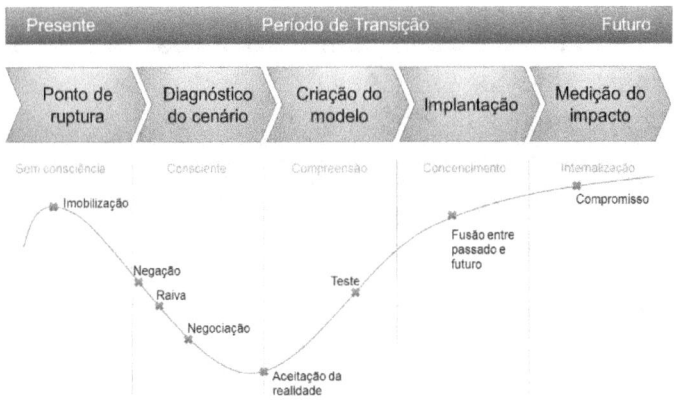

As pessoas precisam estar conscientes não só dos benefícios da mudança, como também dos riscos de não ingressar nessa jornada. Nesse sentido, é necessário o reconhecimento de que os modelos operacionais tradicionais não atendem as demandas do mercado moderno e é preciso que haja um esforço conjunto para projetar a mudança cultural.

É preciso reconhecer que uma gestão de mudança consistente não assegura o sucesso do plano, pois processos mal construídos serão "adaptados" com seus defeitos e, portanto, não serão capazes de proporcionar boa experiência ao cliente. Por isso, antes do planejamento, é necessário revisar os processos da organização.

Sob o ponto de vista do colaborador, novos comportamentos serão esperados: a gestão intermediária deve pavimentar os caminhos para ajustar as posturas profissionais às expectativas de desempenho.

A força de trabalho precisa entender claramente:

1.   o que deve ser mudado;

2.   por que mudar;

3.   onde estão as ferramentas necessárias;

4.   o que acontece se não mudar.

* No exército, os líderes costumam dizer que as implementações serão tão bem sucedidas quanto for a capacidade de fiscalizá-las.

Não pise a grama é uma expressão vaga. As pessoas precisam saber a punição para o caso de descumprimento.

Inimigos da mudança

Liderança ausente, sem cobranças, sem orientação, a ponto de os colaboradores não saberem direito o que se espera deles.

Falta de comunicação. Lembrando que as organizações digitais estão mais focadas nos resultados, ao passo que as retrógradas concentram todo seu apreço nos processos.

As pessoas não adotam a tecnologia apenas porque ela é disponibilizada. É necessário associar novas políticas a novas tecnologias, bem como proporcionar aprendizado e treinamento adequados para ajudar as pessoas a superarem a resistência e adotarem novas práticas e sistemas de trabalho.

Avaliação de desempenho

Peter Drucker, pai da administração moderna, dizia que "Toda atividade de negócios de uma empresa é, em última análise, sobre desempenho". Nesse sentido, é importante que as organizações adotem um modelo de avaliação de desempenho que tenha foco nos resultados.

Portanto, não caia na armadilha de desvincular a meritocracia do OKR. A metodologia recomenda que ambos sejam fracamente vinculados, mas alguma conexão precisa existir entre as entregas e a progressão profissional.

A avaliação de desempenho anual é o método utilizado pela maioria das empresas. Segundo esse mecanismo, os colaboradores podem receber promoções, de acordo com o histórico de resultados, ou até serem demitidos, se o desempenho não for satisfatório. Entretanto, um único encontro anual não é recomendável, uma vez que, no caso de desempenho não satisfatório (e não passível de demissão) será tarde demais para promover ajustes no sentido de possibilitar que o profissional atenda às expectativas da organização.

Políticas como reconhecimento e *feedbacks* constantes ajudam a reter os melhores funcionários.

O Google reúne seus gerentes para atribuir a cada membro uma pontuação de 1 a 5, conforme classificação descrita a seguir (processo conhecido como calibração):

1. Precisa melhorar

2. Atende consistentemente às expectativas

3. Excede as expectativas

4. Excede fortemente as expectativas

5. É magnífico.

Os critérios utilizados pelo Google para chegar à avaliação acima são:

- Adaptação aos valores da empresa

- Capacidade de execução

- Autonomia

- Alta experiência em áreas específicas

- Liderança

- Presença interna.

Quem usa OKR

Google

Kleiner Perkins era um investidor que acreditava no potencial de crescimento do Google e conhecia o OKR. John Doerr se ofereceu para demonstrar o benefício dessa ferramenta e, imediatamente, Larry Page e Sergey Brin perceberam as vantagens da ferramenta, devido à avaliação trimestral. Outras empresas tinham adotado parcialmente a metodologia, mas foi nesse momento que perceberam a oportunidade de implementá-la integralmente.

Todos os colaboradores, independentemente do nível hierárquico, possuem seus próprios OKRs. A alta direção não permite a existência de silos isolados nos departamentos. Todos devem trabalhar juntos para manter a empresa na direção estabelecida. Essa é uma estratégia que deve ser adotada em empresas de qualquer porte, tendo em vista que a falta de fluidez nos processos representa um problema na maioria das organizações.

Todos os OKRs são públicos e amplamente divulgados. Cada colaborador pode comparar seus resultados com aqueles obtidos pelos colegas. Pode parecer cruel, mas o *rankeamento* estimula a competição sadia em nome da produtividade.

No momento em que decidiram implementar o OKR, o Google contava com 40 funcionários, e o processo durou cerca de três meses. Essa informação pode ser uma referência de prazo, em função do porte e da cultura da organização, que sempre foi predominantemente jovem, necessitando, portanto, de direcionamento objetivo.

O Google recomenda que a proporção dos OKRs seja 40% Top Down (para os estratégicos) e 60% Bottom Up (para os demais). Devido a sua cultura de trabalho, foi eleita sete vezes, pelo Instituto Great Place to Work, a melhor empresa para trabalhar. A empresa possui até algoritmos de contratação para identificar quais candidatos têm a maior probabilidade de obter sucesso naquele ambiente.

O Projeto Oxygen identificou as características que seus gerentes devem possuir:

Ser um bom treinador.

Capacitar e ouvir a equipe.

Colaborar para o desenvolvimento individual.

Amazon

O principal objetivo dessa gigante é tornar o processo de compra e venda rápido, barato e fácil. Atender as expectativas dos consumidores é quase uma obsessão. Os OKRs procuram assegurar que todos os funcionários colaboradores estejam alinhados para seguir nessa direção.

Na Amazon, os OKRs devem permitir separar as estratégias validadas (apoiadas em dados) dos experimentos. Dessa forma, a empresa não aposta em ideias não validadas. Testa primeiro e, se funcionar, procura escalonar com investimentos.

A Amazon emprega 750 pessoas. O gigantismo deixa as organizações mais lentas. Para contornar esse problema, cada time possui relativa autonomia para produzir, sozinho, algo de valor para o cliente.

Desde a fundação da empresa, Jeff Bezos determinou que todos os times internos devem ser pequenos o suficiente para que possam ser alimentados com duas pizzas.

Microsoft

Bill Gates começou seu trabalho na Microsoft com boas habilidades de codificação, mas os atrasos nas entregas denunciaram uma deficiência na gestão de projetos. Nesse momento, a Intel, que era um cliente importante da empresa recém criada, tinha contratado Andy Grove, criador da metodologia OKR, que supervisionou as estratégias de gerenciamento da Microsoft.

Bill Gates acabou adotando alguns métodos criados pelo parceiro da Intel, considerado uma das maiores referências em gestão do século XX. Esse foi o primeiro contato da Microsoft com o que se tornaria conhecido mundialmente como OKR.

De acordo com o que Gates aprendeu com Andy Grove, a experiência é o que faz as pessoas serem contratadas e promovidas. É a capacidade de transformar conhecimento em resultados. O fundador da Microsoft afirmou depois, em uma entrevista, que não aprenderia isso em Harvard.

A metodologia OKR foi adotada na Microsoft e, posteriormente, na Fundação Bill Gates.

Adobe

Utiliza OKR para a gestão de pessoas, e uma de suas peculiaridades é ouvir os colaboradores (*feedback* invertido). Antes disso, a empresa usava o sistema rank and yank (classificar e sacudir quem precisa), em uma avaliação anual. O modelo provocou instabilidade interna, a ponto de perder talentos para os concorrentes. Embora o OKR não classifique os funcionários, os líderes e colegas podem acessar os desempenhos uns dos outros.

O treinamento dos gerentes foi uma prioridade no período de transição de metodologias. Além disso, os colaboradores de todos os níveis participaram da tomada de decisão antes da implementação. Com isso, a empresa conseguiu reduzir o *turn over* em mais de 30%.

Zynga

Empresa de desenvolvimento de jogos, especialmente para o Facebook. Nessa organização, a avaliação dos OKRs é semanal.

LinkedIn

Usa os OKRs para a gestão de mudanças, atribuindo senso de urgência em ciclos de avaliação menores. Também conta com a objetividade para realizar suas reuniões.

Yahoo

A empresa cometeu uma série de erros em sua jornada: recusou comprar o Google por U$ 1 milhão em 1998; em 2008, não aceitou ser vendida para a Microsoft por U$ 40 bilhões; mas acabou sendo vendida para a Verizon por U$ 4 bilhões. Sob a nova gestão, a empresa está avaliada em U$ 550 bilhões.

Twitter

Rede social com 300 milhões de usuários, adotou o OKR para comunicação interna, porque a transparência exigida por essa ferramenta permite que todos acessem e entendam o que os demais estão fazendo.

OKR na prática

Este capítulo consolida e resume o conteúdo do livro, demonstrando como implementar e manter uma jornada segura desta metodologia.

Dissemos que o OKR é fácil de compreender, mas difícil de implementar e existe uma razão para isso: segundo os especialistas, mais da metade das implementações resulta em fracasso ou não produz os resultados que poderia entregar.

Os guias demonstram com clareza o que fazer, mas falta a orientação de **como fazer**. É realmente simples entender que OKR precisa de engajamento, que precisa do apoio da alta gestão, no entanto, o dia a dia na empresa demonstra a dificuldade de colocar em prática. Estratégias são desenvolvidas e mesmo assim, os funcionários continuam desmotivados. E agora?

Sem o atendimento a esses requisitos, nada feito.

Podemos tomar como exemplo a necessidade de os objetivos dos setores estarem alinhados com os objetivos estratégicos, mas se eles forem ruins, os demais também serão irrelevantes, mas como dizer isso para a alta direção da empresa? Sem ofender, sem atingir a vaidade dos líderes.

O ideal é que o presidente seja o principal patrocinador, pois ele tem o poder de atribuir papeis e responsabilidades para os demais gestores. Além disso, é dele a decisão de incluir o engajamento na avaliação de desempenho de todos os profissionais.

Se isso acontecer, haverá vontade política para atribuir relevância aos objetivos estratégicos e a partir deles, definir objetivos setoriais com potencial de impulsionar a organização na direção do crescimento.

Sem essa condição, o OKR vai fazer pouco naquele ambiente, porque os departamentos vão trabalhar com eficiência, mas sem ajudar a empresa. Caso a implementação do framework possa afetar sua reputação, é prudente negar determinadas propostas.

O sucesso de uma implementação OKR pode ser comparado ao propósito de melhorar o condicionamento físico: requer tempo, compromisso, esforço contínuo e prática.

O principal atributo do OKR é a entrega de resultados, mas isso tem seu tempo, porque envolve aprendizado, o preparo do ambiente e a obtenção de engajamento por parte dos colaboradores. Os patrocinadores do projeto precisam estar cientes disso.

O uso correto desta metodologia representa um grande desafio para as organizações, porque antes de usar, os envolvidos precisam saber como funciona. É importante que existam especialistas em número suficiente para capacitar, orientar e corrigir.

O OKR não substitui as ferramentas que estão em uso na empresa. Ele apenas atribui a elas, o critério da relevância. Por exemplo, As metas criadas devem impulsionar os resultados de alguma forma. Se isso não estiver bastante claro, serão esforços, tempo e recursos gastos inutilmente.

Sobre o engajamento da força de trabalho, os funcionários precisam comprar a ideia, acreditar nela, mas isso é difícil de obter no curto prazo. Uma estratégia bem sucedida é incluir o engajamento na avaliação de desempenho: fica mais fácil conseguir o empenho de cada um.

Antes da implementação, é preciso saber o que a empresa deseja, onde pretende chegar. Toda declaração de missão, visão e valores possui palavras bonitas, mas será que a empresa pratica? Por exemplo, respeito ao funcionário, costuma estar presente em todas elas, mas se os colaboradores não perceberem isso no dia a dia, não vão assumir os propósitos corporativos como se fossem deles.

 Apesar de Larry Page ter creditado o crescimento de sua empresa ao framework, o Google se transformou no que é porque foi inovador, competente, o OKR apenas deu suporte eficiente a um ambiente propício ao sucesso.

Antes de implementar a metodologia, elimine as barreiras que atrapalham a trajetória da organização, ouvindo e ponderando sobre os *feedbacks* dos funcionários, oferecendo vantagens e benefícios compatíveis com a realidade financeira, além de um sistema justo de progresso e punição. Agindo com dignidade, a empresa pode exigir o mesmo comportamento de sua força de trabalho. Se a alta administração não estiver disposta a isso, toda estratégia tende a ser inócua.

A metodologia OKR envolve dois períodos de aprendizagem a saber: primeiro, da própria ferramenta, e por último, sobre a performance da metodologia no ambiente em que você está implementando. – Nesta última fase, os guias, a experiência, não vão te ajudar porque as reações das pessoas são diferentes, a cultura organizacional é única, por isso que se diz que a melhor escola de OKR é o dia a dia na empresa.

OKR requer uma mudança de mindset, ou seja, o profissional deve se preocupar mais com a relevância das metas estabelecidas, no potencial de impulsionar a organização. Além disso, será necessário fundamentar sua estratégia com base em metodologias consolidadas, mas não é só isso:

Não adianta o indivíduo pensar diferente em uma empresa que possui uma estrutura ineficiente. OKR prevê também uma mudança no Plumbing (encanamento), que é o modo que os processos fluem entre os departamentos. – E como é que a metodologia consegue fazer isso?

De forma sutil. Leva tempo mas a mudança será consistente e irreversível. OKR define grupos de trabalho, com a participação de todos os envolvidos em determinado projeto. Desta forma, não serão os departamentos que interagem via e-mail, mas as pessoas, que deliberam no momento em que surgem as demandas.

Mesmo quando o grupo de trabalho concluir sua tarefa, as pessoas terão contatos próximos em outras áreas que pode facilitar futuras interações. Isso contribui progressivamente, com a fluidez dos processos.

Dogmas da metodologia a serem questionados

Repetimos aqui o consenso de que o OKR não substitui as metodologias adotadas na empresa, mas sim, propõe o melhor uso delas. Inteligentemente, o OKR exige a priorização das metas estabelecidas, e para isso, existem ferramentas consagradas como GUT (Gravidade, Urgência e Tendência), Matriz 4x4 (Eisenhouer) entre muitas outras. Para o acompanhamento, podemos usar Kanban, Project. Como podemos observar, não há substituição nem reforma, apenas critérios para fazer bem feito.

Apesar de ser uma ferramenta flexível, alguns conceitos são apresentados como premissas, contrariando conceitos já consolidados da Administração moderna:

1. Os guias costumam afirmar que um objetivo com OKR não deve conter números: isso significa que não se admite criar um objetivo para vender "$ 20 mil durante um período".

A justificativa para tal exigência não é convincente: alega-se que colocar número no objetivo poderia desestimular a equipe encarregada de alcançá-lo, o que não é verdade. Vejamos os atributos essenciais de um objetivo:

1. Precisa ser simples de entender. Os funcionários não vão conseguir colaborar com um objetivo que eles não compreendem ou não foram suficientemente divulgados na empresa.

2. Para ajudar no engajamento, o objetivo deve ser inspirador, de forma que as pessoas assumam este propósito como se fosse delas.

3. Qualquer meta deve demonstrar o potencial de impulsionar a empresa ou a área em alguma direção. Este critério nem sempre é observado, mas é fundamental para dar relevância ao planejamento estratégico.

4. Deve ser singular: apenas o que se deseja alcançar. Se tem dois alvos diferentes, deve ser desmembrado em dois objetivos.

5. Deve tirar da zona de conforto. Nem muito fácil, nem muito difícil.

6. Precisa estar bem situado no tempo e no espaço. Se e proposta e vender mais, em que período? Em que região?

7. Uma opção prudente é usar alguma ferramenta para a elaboração dos objetivos, como a S.M.A.R.T.

Qual é o ambiente ideal para a jornada OKR?

Se a organização pune todo e qualquer tipo de erro, não haverá criatividade naquele ambiente. Para garantir a estabilidade, as pessoas vão fazer apenas aquilo que sempre fizeram. É claro que ampla liberdade pode causar danos significativos, como foi o caso da Sadia, mas o erro calculado, aquele cujas consequências podem ser administradas, é o caminho mais curto para o acerto, para a inovação.

Ricardo Semler herdou um grupo familiar praticamente falido, trabalhou nele em diversas áreas para aprender as rotinas, identificar problemas e só depois disso assumiu a liderança. Promoveu uma revolução, na qual, constava a aceitação dos erros calculados: aqueles que promoviam o aprendizado e que não colocariam em risco a existência da organização. O resultado foi o crescimento espetacular do grupo, com estratégias criativas apresentadas pelos funcionários.

Como dissemos antes, não podemos oferecer receitas ou *check lists* com garantia de funcionamento, devido as particularidades de cada ambiente. O que se propõe é apontar caminhos para descobrir o que realmente funciona na sua empresa. Algumas tiveram sucesso com metas individuais, outras, com metas de equipe. A melhor, portanto é aquela que se adapta à sua realidade.

Impactos na cultura organizacional

Cumpre esclarecer que a cultura em um ambiente profissional vem sendo consolidada há anos, portanto, é uma estrutura complexa para receber inovações.

Estamos falando de valores que influenciam no modo em que as pessoas se relacionam, seja internamente, ou com o mundo externo (clientes e fornecedores).

O primeiro passo para planejar uma **cultura organizacional ideal**, ou seja, aquela que melhor suporta a estratégia da organização é entender a **Cultura real**.

A medição do ambiente de trabalho deve oferecer a privacidade necessária para que os colaboradores possam ser sinceros e fornecer um retrato real da situação.

O OKR influencia a cultura por meio do feedback e da colaboração. Isso significa que os funcionários precisam ter voz a partir de um canal efetivo para isso. A alta direção, por sua vez, precisa receber os *insights* e refletir sobre eles.

Importante lembrar que os colaboradores precisam ter uma visão clara do que se espera deles. Além de aumentar as chances de sucesso, o trabalho diário será alinhado com as prioridades da organização. Desempenhos destacados merecem o reconhecimento.

OKR trabalha com transparência. Isso faz chegar as expectativas a quem realiza as tarefas e também cria um vínculo de **confiança**, fundamental para mudar a cultura e obter engajamento. Desta forma, compreendemos que o framework extrapola o contexto da definição de metas, mas acrescenta relevância aos processos já existentes na empresa.

Uma organização sadia é construída por funcionários sadios, mas como identificar isso?

1. Inovações benéficas são recorrentes
2. Trabalho em equipe é uma situação natural
3. Estabilidade psicológica e emocional interna
4. Alto desempenho é reconhecido e valorizado
5. A declaração de valores é praticada por todos
6. Capacitação é um processo contínuo
7. Redução dos níveis de absenteísmo

Tais características podem se tornar metas para alcançar o patamar de excelência.

É preciso encontrar um escopo gerenciável para a mudança, porque não se consegue mudar tudo, simultaneamente. Um problema de cada vez, no ritmo que a organização consegue suportar.

As empresas do Vale do Silício demonstram ser mais propensas a conseguir o potencial do OKR, e isso tem uma explicação:

O fato das organizações modernas permitirem roupas casuais e oferecerem lanches para os funcionários, não são mero exibicionismo, mas a preocupação sincera e efetiva com o bem-estar da força de trabalho.

A Capital One investiu em reconhecer performances destacadas, Publix Super Market se dedicou a incentivar a inovação, a NVIDIA criou um programa para ajudar os novos funcionários a se adaptarem.

Peter Drucker costumava dizer que **a cultura devora a estratégia no café da manhã**. Isso significa que o melhor planejamento pode sucumbir diante do choque com a cultura vigente. É o ambiente que viabiliza qualquer execução dentro da empresa.

Lembrando que a jornada OKR envolve pessoas, que são guiadas por emoções. Pense nisso antes da implementação

Conclusão

OKR pode fazer muito pela organização, desde que exista um ambiente favorável para o crescimento. Nesse sentido, estruturas burocráticas e verticalmente hierarquizadas terão dificuldade em permitir autonomia das equipes, e isso é o que torna complexa a implementação de uma metodologia tão simples.

Como foi dito, podemos concluir que o Google não cresceu porque utilizou o *framework*. O OKR funcionou naquele ambiente e ajudou o crescimento da empresa porque ela estava acessível à inovação.

Não se deve esquecer que OKRs são flexíveis. Não há nada melhor do que a experiência da implementação para atestar a qualidade (ou a falta dela) nas estratégias. As revisões trimestrais normalmente fornecem informações valiosas para aprimorá-los. Dificilmente as definições iniciais permanecem até o final do ano.

Respeitar o perfil dos colaboradores é uma estratégia vencedora. Há grande diferença entre "o que o colaborador deseja fazer" e "aquilo que querem que ele faça". Muitas vezes, as próprias organizações produzem a falta de interesse e a dificuldade de engajamento.

Se conseguirmos identificar os requisitos críticos e atuar neles, teremos uma implementação bem sucedida.

Quanto ao *framework*, apesar de sua simplicidade, a melhor escola é o dia a dia nas organizações, quando os profissionais aprendem o que funciona e o que não funciona **para aquele ambiente.** Por essa razão, os estudos de caso constituem mera referência. OKR é flexível o suficiente para se ajustar às diferentes realidades nas empresas.

Os primeiros OKRs serão naturalmente frágeis, por serem produzidos no estágio inicial do aprendizado. É prudente começar com um projeto piloto em um departamento, para proceder à implementação em outras áreas, à medida que o programa vai alcançando maturidade.

OKR não é uma revolução. Assim como ocorre com a Transformação Digital, o OKR deve fornecer inserções suaves e frequentes. Desse modo, quando os colaboradores perceberem, já estarão navegando nas águas da inovação.

Com isso, a jornada estará mais para a técnica e menos para a percepção. Orientada a resultados, não a tarefas. — Fazer coisas não é o ponto.; conseguir coisas, sim.

Não faz sentido contratar pessoas inteligentes e dizer a elas o que fazer; contratamos pessoas inteligentes para que possam nos dizer o que fazer.

Steve Jobs

Bibliografia

ALMEIDA, M. I. R. **Manual de planejamento estratégico**. 3. ed. São Paulo: Atlas, 2010.

CAFFYN, S. **Development of a continuous improvement self-assessment tool**.

CHIAVENATO, Idalberto. **Introdução a teoria geral da administração**: Uma visão abrangente da moderna administração das organizações. 7. ed. Rio de Janeiro: Elsevier, 2003.

DE MELLO, Francisco S. Homem. **Tudo que você precisa saber sobre OKR**. 1. ed. Online, 2016.

DOERR, John. **Avalie o que importa**, Alta Books, 2019.

DRUCKER, Peter. **The Practice of Management. Reissue**. ed. Nova York: HarperCollins Publishers, 2006. 404 p.

DRUCKER, Peter. **Sociedade pós-capitalista**. 2. ed. São Paulo: Pioneira, 1994.

GATES, Stephen. Aligning Strategic **Performance Measures and Results**. 1. ed. Nova York: The Conference Board, 1999.

KAPLAN & NORTON. **The balanced scorecard: measures that drive performance.** Harvard business review. 172 p.

KOTLER, Philipp. **Marketing: 4.0.** 1. ed. São Paulo: Atlas, 1991.

LEWIN, K. **Frontiers in group dynamics.** Human Relations, New York, 1947.

MINTZBERG, Henry. Managing: **Desvendando o dia a dia da gestão.** 1. ed. São Paulo: Bookman, 2010.

LEWIN, K. Field. **Theory in social science.** New York: Harper and Row, 1951.

THALER, Richard. **Misbehaving,** Intrínseca. 2019.

THALER, Richard and SUSTEIN Cass, **Nudge,** Objetiva, 2019.